버트런드 러셀

확실한 지식을 찾아서

차례
Contents

03 러셀, 그는 누구인가? 12 수학은 논리학의 일부 20 존재, 논리로 풀다 31 확실한 지식을 찾아서 43 직접경험의 지식과 논리적 추론에 의한 지식 52 세계의 구조에 대한 탐구: 논리적 원자론 67 과학의 일부로서의 윤리학 73 지식의 영역 밖에 있는 윤리 82 이성적 시각에서 본 종교 92 반전, 반핵, 평화운동가 러셀

러셀, 그는 누구인가?

　버트런드 러셀(Bertrand Arthur William Russel, 1872~1970)의 삶을 간단명료하게 규정하기는 무척 어렵다. 우리는 보통 그를 철학자라고 부르지만, 거의 100년에 걸친 그의 긴 생애는 철학자라고만 부르기에는 너무 길고 다양한 활동들로 이루어졌다. 때로 그는 수학자로 불리기도 하며, 다양한 주제로 신문과 잡지에 수많은 칼럼을 기고한 에세이스트이기도 했다. 또 문필가로서의 빼어난 능력은 그를 노벨문학상 수상자로 이끌기도 했다. 그는 영국 하원의원에 세 차례 도전했고, 결국 (세습에 의한 것이었지만) 상원의원이 된 정치인이기도 했다. 물론 반전운동가와 반핵운동가 역시 그를 떠올릴 때마다 생각나는 수식어다.

그런데 흥미로운 것은 그가 스스로 밝히고 있듯 인생의 어느 시점을 기점으로 해 그의 관심 영역에 큰 변화가 있었다는 점이다. 그 전환점은 바로 제1차 세계대전이었다. 그는 자신의 삶이 제1차 세계대전 발발 이전과 이후로 나뉜다고 말했다. 전쟁 이전 첫 30여 년의 삶에서 러셀을 사로잡은 주제는 수학과 철학이었다. 열한 살 때 그의 형 프랭크(Frank Russell)로부터 유클리드 기하학을 배웠던 일에 대해 훗날 러셀은 그것이 자신의 인생에서 "첫사랑처럼 눈부신 가장 큰 사건 중의 하나였다"고 술회했다.

결국 러셀은 케임브리지 대학에 진학해 수학을 공부했고, 서른여덟 살이 되던 해 그의 스승 화이트헤드(Alfred Whitehead)와 공저 『수학 원리(The Principia Mathematica)』[1]를 완성했다. 그때까지 그에게 가장 큰 관심사는 수학이었다. 그가 30대 중반의 젊은 나이에 영국 왕립학술원의 펠로우(Fellow)가 된 것 역시 『수학 원리』의 업적 때문이었다. 이러한 업적은 "논리학은 이미 확고한 학문이어서 더 이상의 발전을 기대할 수 없다"고 갈파한 칸트(Immanuel Kant)의 예언을 무색하게 만든 것이기도 했다.

『수학 원리』는 '수학의 기초가 무엇인가'에 대한 탐구로, 기본적인 틀은 모든 수학은 논리학으로 환원할 수 있다는 것이다. 오늘날 수학철학에서 '논리주의'라고 불리는 이 입장은 쉽게 말해 '수학은 논리학을 기초로 해 지은 집과 같다'는 것이다. 러셀이 이 분야에서 헤어 나오기 힘든 매력과 기쁨 그리고 행복감을 느낀 이유는 확실한 지식에 대한 그의 열망 때문이었다.

열한 살의 러셀은 형이 가르쳐준 유클리드의 공리(axioms)에 만족하지 못했다. 유클리드의 체계는 증명을 필요로 하지 않는 자명한 진리, 즉 다섯 개의 공리를 전제함에서 시작해 그 공리들로부터 증명해낼 수 있는 확실한 진리인 정리(theorem)를 이끌어낸다. 그런데 러셀은 왜 공리를 전제해야 하고, 왜 그것을 받아들여야만 하는지에 대해 의문을 품었다. 보통 너무나 자명해 의심의 여지가 없다고 여기는 공리에 대해 러셀은 그러한 확실성을 어디서 보장받을 수 있는지 의심한 것이다.

그러한 의심, 달리 말해 확실성에 대한 추구가 결국 30대의 러셀로 하여금 논리학의 체계와 수학철학의 발전에 중대한 공헌을 한 『수학 원리』라는 방대한 저작을 완성하게 했지만, 제1차 세계대전은 그러한 확실성에 대한 관심을 크게 바꾸는 데 기여했다. 젊은이들이 피 흘리며 쓰러지고, 세상이 파괴되는 끔찍한 전쟁을 겪으면서 그는 현실에서의 고통이 책상 앞에 앉아 머릿속으로만 사고하는 것보다 훨씬 더 중요하다는 생각을 갖게 된 것이다. 전쟁 전의 러셀의 삶이 논리학과 추상적인 철학을 추구하는 삶이었다면, 전쟁 이후에는 사회 문제, 특히 전쟁의 원인과 방지 대책에 더 많은 관심을 갖게 된 것이다. 전쟁은 그가 더 이상 추상적인 세계에서 사는 것을 불가능하게 만들었다.

그가 직업적으로 사회·정치운동에만 전념한 것은 아니었지만, 제1차 세계대전 이후 러셀은 지속적으로 사회·경제 문제에 대해 급진적인 입장을 취했으며 참여하는 지식인으로서의 면모를 보였다. 제1차 세계대전 동안 영국에서 가장 영향력 있는 반전운동가로 활동했던 러셀은 징집반대운동에도 적극적으로 참여했고, 국가방위법 위반 혐의로 케임브리지 대학의 강사직을 박탈당했으며, 1918년에는 반전 기고문이 문제가 되어 6개월 징역형을 받기도 했다.

1907년에 이어 1920년대에도 노동당 후보로 두 차례 하원의원직에 도전했지만 고배를 마셨고, 이상적인 조건에서 자신의 자녀들을 교육하기 위해 비콘 힐 스쿨(Beacon Hill Scholl)이라는 실험적인 대안학교를 세워 운영하기도 했다. 이후에는 영국의 핵무장 반대 운동에 중심적인 역할을 했으며, 미국의 베트남 전쟁 참전에도 반대했다. 1961년에는 반핵 시민불복종운동으로 90세가 가까운 나이에 투옥되기도 했다.

이처럼 러셀은 제1차 세계대전을 기점으로 자신의 주된 관심이 '논리학과 철학'에서 '현실 사회 문제'로 바뀌게 되었다고 말했지만, 사실 그가 사회·경제 문제에 대해 급진적인 생각을 가지게 된 것은 전쟁 이전부터였고, 그러한 그의 관심은 진보적인 성향의 가계와도 무관하지 않다.

러셀 가문은 영국의 명망 있는 귀족 가문이었고, 역사적으로 거슬러 올라가면 왕정복고기였던 1683년 찰스 2세와 그의 동생(후에 제임스 2세가 됨) 암살을 모의한 혐의로 처형당한 윌리엄 러셀 백작이 있다. 러셀의 할아버지 존 러셀은 두 차례나 영국 총리를 지냈고, 부모 역시 모두 진보적인 정치인이었다. 그의 대부가 당시 영국의 대표적인 진보적 사상가였던 존 스튜어트 밀(John Stuart Mill)이었던 것도 러셀 가문의 사상적 배경을 일부 설명해준다.

러셀이 열 살이 채 되기 전에 부모가 모두 세상을 떠나 러셀은 조부모 집에서 컸는데, 그를 키운 할머니는 손자가 가문의 대를 이어 정계나 공직에 진출하기를 바랐다. 할머니의 희망과 달리 러셀은 학계로 진출했지만, 이런 가문의 배경은 젊은 러셀이 일찌감치 사회나 정치 문제에 관심을 갖도록 이끌었을 것이다.

실제로 20대의 러셀은 독일에서 머물면서 사회민주주의를 연구했고, 그곳의 사회주의자들과 친분을 쌓았으며 그가 남긴 방대한 저서들 중에 첫 출간을 장식한 것은 철학이나 수학 분야의 책이 아니라『독일 사회민주주의(German Social Democracy)』라는 사회·정치 분야의 책이었다. 러셀이 노동당 후보로 하원의원직에 첫 도전한 때도 제1차 세계대전이 발발하기 훨씬 전인 1907년이었고, 출마 당시 그의 주요 명분은 여성참정권을 쟁취하기 위한 것이었다. 결국 1914년의 전쟁이 러셀 내면적으로 현실 사회 문제에 더 깊이 관여하게 된 직접적인 계기를 제공했다고 말할 수 있지만, 그렇다고 해서 그 이전의 러셀이 논리학이나 수학처럼 추상적인 관념의 세계에만 매몰되어 있던 학자는 아니었다는 것이다.

물론 '사회개혁가, 반전운동가, 평화주의자'라는 표현들이 러셀을 규정지을 수 있는 수식어는 결코 아니다. 철학 분야에서의 공헌이나 위상을 생각하면 이런 수식어들은 러셀을 가장 잘 드러내는 표현이 될 수 없다. 사실 많은 사람들이 버트런드 러셀이라는 인물을 기억할 때 반핵, 반전 운동가 혹은 사회 문제에 적극적으로 참여한 양심적인 지성으로 기억하고 있지만, 역사적으로 또 철학적으로 기억되는 러셀은 수학과 논리학에 기여한 20세기의 저명한 철학자일 것이다.

철학자로서의 러셀은 전통적인 의미에서 철학이 다루는 거의 모든 분야에서 업적을 남겼다. 1961년 출간 이후 쇄에 쇄를 거듭하며 오늘날까지도 널리 읽히고 있는 『버트런드 러셀의 기본 저작들(The Basic Writings of Bertrand Russell)』[2]이라는 책은 러셀의 주요 저작들을 분야별로 정리해 담아놓은 일종의 종합선물세트 같은 책이다. 러셀의 저작에 대해 이 책에서 분류한 주제들만 해도 언어철학과 논리학, 수학철학, 인식론, 형이상학, 철학사, 심리학, 도덕철학, 교육철학, 정치철학, 경제학의 철학, 문화철학, 종교철학, 과학철학, 국제문제분석 등 철학의 거의 모든 분야를 망라한다.

그런데 러셀의 철학이 20세기를 거쳐 오늘에 이르기까지 지대한 영향을 미친 분야는 이중 앞부분에서 열거된 언어철학과 논리학, 수학철학, 인식론, 형이상학 정도로 국한된다. 앞서 언급했듯이 러셀은 수학의 기초가 논리학에 있다는 생각을 발전시켰다. 그 과정에서 그는 20세기 철학의 진행 과정을 완전히 바꾸는 진전을 이룬다. 다시 말해 새로운 논리학을 발전시킨 것이었다.

오늘날의 대학에서도 과거의 논리학, 즉 '고전논리학'이라고 부르는 학문은 여전히 다루어지고 있다. 아리스토텔레스에 의해 체계화되었고, (칸트에 의하면) 더 이상의 발전을 기대할 수 없는 과거의 논리학은 그 자체로 하자가 있는 것은 아니어서 오늘날 논리를 말할 때도 여전히 중요하다. 그러나 러셀은 이른바 '기호논리학'의 체계를 발전시킴으로써 논리학 자체에서도 혁신을 이루었을 뿐 아니라, 이후 철학의 발전 과정에 지대한 영향을 미쳤다.

놀랍게도 열한 살 소년 러셀의 지적 관심은 확실한 지식에 대한 추구에서 시작되었다. 유클리드 기하학의 공리에서 시작된 확실성에 대한 의문은 언제나 확실한 답으로 귀결되는 수학의 본성에 대한 탐구로 이어졌고, 그러한 탐구는 다시 수학이 논리학에 기초하고 있다는 생각으로 나아갔다. 그리고 기호를 사용한 새로운 논리학은 논리적 관계를 분석하는 데 있어서 고전논리학의 체계보다 엄밀성과 논리적 명료성을 더 많이 확보할 수 있었다.

그 결과 새로운 논리학의 방법을 철학에 적용하면 이전의 철학에서 사용하던 문장들의 의미를 좀 더 분명하게 정리할 수 있다는 장점이 생겼다. 이러한 장점은 결코 사소한 것이 아니었는데, '논리적 분석'이라는 이 새로운 방법은 오늘날 영어권 국가에서 주도적으로 이루어지는 철학의 흐름인 분석적 전통의 출발점이 되었다.

논리학과 수학철학 분야에서 기념비적인 저서가 된 『수학원리』를 완성한 후, 러셀은 1910년대부터 그러한 논리학의 업적을 토대로 인식론과 형이상학적 작업에 집중했다. 논리학이라는 확실한 체계와 방법을 분석의 도구로 삼아 우리가 살고 있는 세계와 우리가 알 수 있는 지식의 영역을 하나하나 구축해 나가려는 시도를 한 것이다.

사실 긴 생애를 통해 러셀은 방대한 분량의 저작물을 남겼지만, 철학적인 전문성을 띤 글은 대부분 1940년대까지의 글이고, 그중에서도 철학사적인 중요성을 지닌 글은 그의 나이

50대가 된 1920년대까지의 저작들이다. 따라서 이 책에서는 러셀이 집중적으로 철학적 작업을 진행했던 1900~1920년대의 저작에 초점을 맞추어 그의 생각들을 소개하고자 한다.

수학은 논리학의 일부

　러셀이 어렸을 때부터의 관심이었던 수학을 대학에서 전공하게 된 건 자연스러운 일이었다. 하지만 수학과 철학에 대한 그의 관점이 젊은 시절부터 일관적인 것은 결코 아니었다. 러셀 스스로가 자신의 철학에서 혁명적 변화의 시기를 언급하고 있는데, 그것은 그가 논리학이나 수학적 관심에서 벗어나 사회문제에 적극적인 관심을 가지게 된 1914년의 전환점과는 달랐다. 그것은 철학적 문제 내부의 변화였다. 러셀이 20대 후반이었던 1899~1900년 무렵에 일어난 일련의 변화로 관념론에서 벗어나고, 수학적 논리학에 눈을 뜨게 된 것이다.

　그가 대학을 다닌 19세기 말 케임브리지 철학의 분위기는 헤겔의 관념주의 철학이 지배적이었고, 러셀 역시 그러한 관념론의 세계로부터 자유롭지 못했다. 그러나 학부 때부터의 친구였던 케임브리지 철학자 무어(G. E. Moore)의 영향으로 러셀은 관념론에서 벗어나게 된다. 관념론에 따르면 우리가 알게 되는 모든 것, 세상에 존재한다고 여기는 모든 것은 그 자체로 존재하는 것이 아니라 다소 우리의 마음에 의존적이다.

가령 내가 지금 자판을 눌러 글을 쓰고 있는 이 컴퓨터는 그자체로 독립해 존재하는 물체처럼 보이지만, 내 마음이 없다면 결코 실제로 존재할 수 없다는 생각이다. 그러나 20대 후반의 러셀은 세상에 마음의 영향을 받지 않고 독립적으로 실재하는 대상들이 얼마든지 있을 수 있다는 생각을 갖게 되었다. 그래서 관념론으로부터 벗어나 실재론자가 된 것이다.

관념론으로부터 벗어나는 데 있어서 러셀이 무어의 영향을 받았다면, 수학의 기초에 대한 연구에서 혁명적인 변화는 이탈리아의 수학자 페아노(Giuseppe Peano)의 영향이 컸다. 러셀은 1900년 파리에서 열린 국제철학회에서 페아노를 만나게 되는데, 그로부터 수학적 논리학의 기법들을 접하게 되었다.

러셀의 주된 철학적 동기는 확실한 지식에 도달하는 것이었고, 그는 유클리드 기하학의 공리가 지닌 확실성을 끊임없이 의심하는 사람이었다. 그래서 그는 기하학을 포함한 수학의 기초를 찾으려는 시도를 게을리 하지 않았다. 그런데 그러한 시도를 가능하게 해줄 수 있는 결정적인 단서를 페아노의 수학적 논리학에서 발견한 것이다.

페아노는 단 세 개의 기초 개념과 다섯 개의 공리만을 사용하는 체계로 산수 전체를 설명할 수 있음을 보여주었다. 세 개의 기초 개념은 '0(zero)'과 '수(number)' '후자(successor)'이며, 다섯 개의 공리는 다음과 같다.

(1) 0은 수다.

(2) 만약 어떤 것이 수라면, 그 어떤 것의 후자는 수다.

(3) 만약 두 수의 후자가 같다면, 두 수는 동일한 수다.

(4) 0은 어떤 수의 후자도 아니다.

(5) 만약 S가 0과 S에 속하는 모든 수의 후자를 포함하는 집합이라면, S는 모든 수를 포함한다.

페아노가 위의 기초 개념과 공리들을 이용해 자연수를 설명하는 방식은 그리 어렵지 않았다. 1은 '0의 후자'이고, 2는 '1의 후자'가 된다. 이후 등장하는 자연수의 계열 역시 위의 공리들을 이용해 설명할 수 있는데, (2)를 통해 우리가 어떤 임의의 자연수를 상정한다 해도 그 수의 후자 역시 수이며 그러한 계열이 연속됨을 설명할 수 있다. 또 (3)을 통해 그러한 계열에서 연속되는 후자들은 전부 새로운 수임을 설명할 수 있다. 그리고 (5)를 통해 모든 자연수가 이 계열에 속하고 있음을 보일 수 있다.

페아노의 이러한 시도는 러셀을 사로잡았다. 수학의 전 체계가 단순한 기초 개념과 몇 개의 공리들 위에 지은 집과 같다는 생각을 구현할 수 있기 때문이었다. 그러나 러셀은 페아노가 제시한 것만으로는 충분치 않다고 생각했다. 러셀은 페아노가 제시한 기초 개념들을 좀 더 기초적인 논리적 개념들로 설명할 수 있다고 보았다.

러셀은 논리적으로 더 기초가 되는 개념으로 '집합'을 생각하고 있었는데, 구체적으로는 집합을 통해 수를 정의해보자는 구상이었다. 만약 그것이 가능하다면 페아노가 제시한 기초 개념들을 집합 개념으로 정의하고, 공리들 역시 그에 기초해 증명 가능하게 된다. 결국 수학의 체계를 논리학이 떠받치는 구조물로 이해할 수 있게 만든다. 수학의 기초는 곧 논리학이며, 이는 곧 수학이 논리학의 한 분야에 지나지 않음을 뜻한다.

페아노를 만난 직후, 러셀은 자신의 생각을 구현할 방법을 설명하는 책인 『수학의 원리(The Principles of Mathematics)』를 쓴다. 이 책은 『수학 원리』를 쓰기 위한 예비 단계에 해당하는 책인데, 논리학과 수학이 같은 것이라는 생각을 담고 있다. 러셀 자신의 표현을 빌자면, 그 둘의 차이점은 아이와 어른의 차이에

지나지 않는다. 논리학은 수학의 어린 형태이고, 수학은 논리학이 어른이 된 형태라는 것이다.[3]

『수학의 원리』원고는 1900년 말에 완성되지만, 본격적인 작업인 『수학 원리』는 그로부터 무려 10년이 지나서야 전 3권 중첫 권이 세상의 빛을 보게 된다. 매우 방대한 작업이었다는 이유도 있었지만, 여기에 그렇게 엄청난 시간이 소요된 이유는 러셀이 『수학의 원리』를 집필하는 과정에서 자신의 야심찬 기획을 위태롭게 만들 수 있는 패러독스를 발견했기 때문이다.

'러셀의 패러독스(Russell's paradox)'라고 불리는 이 패러독스는 러셀이 페아노로부터 얻은 영감을 최대한 논리적으로 밀고나가는 과정에서 가장 기초적인 개념에 도달할 때 마주치게 된다. 러셀은 페아노가 기초 개념이라고 간주했던 '0'과 '수' '후자'에서 '수' 개념을 더 기초적이라고 할 수 있는 집합을 통해정의하려고 했다. 그런데 이 과정에서 예상치 않은 패러독스를발견한 것이다.

가령 '2'라는 수는 우리가 쌍에 대해 말할 때 사용한다는 점에서 '모든 쌍들의 집합'으로 설명할 수 있다. 그리고 '쌍'은 다시 '구성원이 둘인 집합'으로 정의할 수 있다. 그렇다면 '2'는'구성원이 둘인 모든 집합들의 집합'이라고 정의내릴 수 있다.마찬가지로 '0'은 '구성원이 하나도 없는 모든 집합들의 집합','1'은 '구성원이 하나인 모든 집합들의 집합', '3'은 '구성원이

셋인 모든 집합들의 집합'으로 정의할 수 있다. 러셀은 이런 방식으로 자연수에서 시작해 수 전체에 대한 정의가 실질적으로 가능하다고 보았다.

그런데 『수학의 원리』를 탈고한 직후, 러셀은 자신이 수를 정의하기 위해 도입한 집합 개념과 관련해 아주 특이한 사례가 나타날 수 있음을 발견한다. 그는 어떤 집합은 자신을 원소로 하는 집합이고, 또 어떤 집합은 자신을 원소로 하지 않는다는 사실에 주목한다. 예를 들어, 병아리들의 집합은 병아리가 아니다. 병아리들의 집합은 (병아리가 아니고) 집합이기 때문이다. 따라서 병아리들의 집합은 자신을 원소로 하지 않는다. 반면 병아리가 아닌 것들의 집합은 그 자신을 원소로 한다. 왜냐하면 병아리가 아닌 것에 집합도 포함되기 때문에 병아리가 아닌 것들의 집합에는 그 원소로 집합이 포함된다.

여기서 러셀을 곤경에 빠뜨린 것은 자신을 원소로 하지 않는 집합이다. 우리는 다시 그러한 집합들을 원소로 하는 집합을 생각할 수 있는데, 그러한 집합은 곧 '자신을 원소로 하지 않는 집합들의 집합'이다. 문제는 그러한 집합에 대해 "이 집합은 자신을 원소로 하는가?"라고 물을 때 논리적 모순에 빠지지 않고 적절히 답하기 어렵다는 데 있다. 만약 이 집합이 자신을 원소로 하지 않는다면 (이 집합의 정의에 의해) 이 집합은 자신을 원소로 하는 집합이어야 한다. 마찬가지로 만약 이 집합이 자신

17

을 원소로 한다면 (이 집합의 정의에 의해) 이 집합은 자신을 원소로 하지 않는 집합이어야 한다. 따라서 이 집합은 자신을 원소로 함과 동시에 원소로 하지 않는 것이 되기 때문에 패러독스가 발생한다.

처음에는 사소하게 생각했던 이 문제를 해결해야겠기에 러셀은 『수학의 원리』의 출간을 미루었다. 그러나 단기간 안에 답을 찾는 것이 여의치 않자 이 문제에 대한 해결책을 제시하지 않은 채 1903년에 『수학의 원리』를 출간했다. 그리고는 해결책과 더불어 그가 기획했던 본 연구인 『수학 원리』를 2년 안에 끝낼 수 있을 것으로 기대했다. 하지만 러셀에게 패러독스의 발견은 어떻게든 벗어나야만 하는 것이었고, 그렇게 하기가 쉽지 않았던 악몽 같은 것이었다.

『수학의 원리』를 탈고한 뒤 얼마 지나지 않아 러셀은 수학을 논리학으로 환원하려는 자신의 기획에 선구자가 있었음을 알게 된다. 그는 당시 거의 알려져 있지 않았던 독일의 수학자 프레게(Gottlob Frege)였다. 프레게는 이미 1879년 『개념 표기법(Begriffsschrift)』에서 논리학으로 수학을 설명하려는 시도의 디딤돌이 될 새로운 논리학의 방법을 제시했다. 또 러셀보다 10여 년 앞서 출간한 『산수의 기초(Die Grundlagen der Arithmetik)』에서 논리주의에 대한 기획을 펼치고 있었다. 러셀은 프레게의 저작들을 읽고 난 뒤, 그에게 자신이 발견한 패러독스에 대한 편지를 쓴다. 그러나 프레게로부터 받은 답장은 다음과 같이 절망적인 내용이었다.

당신이 발견한 모순은 나에게는 이루 말할 수 없을 정도의 충격이었습니다. 마치 벼락을 맞은 느낌이었는데, 그 모순이 내가 그 위에 산수를 세우고자 했던 기초를 마구 흔들어 버리는 것이었기 때문입니다.[4]

프레게의 비관적인 반응에도 불구하고 러셀은 오랜 고민 끝에 패러독스의 해결책을 찾았다고 믿었다. 이른바 '유형론'이라고 불리는 이 해결책은 패러독스가 '집합이 자신을 원소로 할 수 있다'는 생각에서 왔다고 보고, '어떠한 집합도 자신을 원소로 할 수 없어야 한다'는 생각을 기초로 하게 된다. 물론 오랜 기간에 걸쳐 수정된 버전이 나오기도 했지만, 유형론은 러셀의 패러독스에 대한 근본적인 해결책으로 여겨지지 않았다. 이는 곧 논리학의 기초 개념을 가지고 수학의 전 체계를 설명하려는 러셀의 기획 자체가 결과적으로 성공적이지 않았음을 뜻한다.

존재, 논리로 풀다

『수학의 원리』에서 『수학 원리』에 이르기까지 러셀이 수학과 철학에 입문해 20년 가까운 세월 동안 열정을 다해 기울인 노력은 결코 헛된 것이 아니었다. 러셀이 품은 거대한 기획이 완전히 성공적인 것은 아니었을지 모른다. 하지만 '수학은 논리학의 확장이며 논리학으로 환원될 수 있다'는 생각은 오늘날에도 여전히 수학의 본질을 논의하는 수학철학에서 매력적인 대안의 하나로 여겨지고 있다. 또 수학철학에 기여한 것과는 별도로 러셀이 새로 도입한 논리적 방법은 러셀 이후 철학의 전개 과정을 바꾸어 놓을 정도로 혁신적이며 커다란 영향력을 지닌 것이었다.

『수학의 원리』를 쓸 무렵까지만 해도 러셀은 여전히 플라톤주의의 영향에서 완전히 벗어나지 못하고 있었다. 그는 우리가 문장을 사용할 때 그 문장에 나오는 구절들은 무엇인가를 지칭함으로써 의미를 갖게 된다고 생각했다. 수와 관련해 말하자면, 우리가 수 개념이 나오는 문장을 말할 때 의미 있게 말할 수 있는 이유는 수를 나타내는 표현이 그 수에 대응하는 어떤 대상을 지칭하기 때문이라는 것이다. 즉, 우리가 이해하고 있는 수는 관념의 세계 어딘가에 존재하는 것이다.

이 알쏭달쏭한 이 이야기를 좀 더 쉽게 풀어보자. 우리가 '1, 2, 3, 4, 5'라고 헤아리는 수는 어디에 있는가? 우리는 각각의 수를 표현하기 위해 '1' 또는 '2'와 같은 아라비아 숫자를 사용한다. 이때 숫자는 수를 나타내는 기호여서 눈으로 확인할 수 있지만, '1'이라는 숫자에 대응하는 수를 볼 수 있는 것은 아니다.

하지만 러셀은 각각의 숫자에 대응하는 수의 세계가 어딘가에 있다고 생각했다. 이것은 우리가 경험하는 세상에서 눈에 보이는 의자들 말고 그 경험의 대상으로서의 의자들 너머에 의자들의 이데아가 따로 존재한다고 본 플라톤의 생각을 러셀이 어느 정도 따르고 있었음을 뜻한다. 우리는 숫자를 볼 수 있지만, 수는 볼 수 없다. 그런데 여기서 '볼 수 없다는 것'이 '아예 없는 것'을 뜻하지는 않는다는 것이 러셀의 생각이었다.

수뿐만이 아니다. 그 무렵의 러셀에 따르면, '소크라테스'와 같은 구체적 인물을 나타내는 말이나 '자유'와 같은 추상적 개념, '히틀러의 딸'처럼 실제로는 존재하지 않는 허구적 표현이나 '둥근 사각형'과 같은 아예 존재할 수 없는 수학적 개념에 대해서도 어떤 방식으로든 그 말이 지칭하는 대상이 있어야 한다는 것이다.

사실 이러한 생각은 아리스토텔레스 이후 형이상학에서 지배적인 입장이었다. 존재에 대해 말할 때, 한 문장의 주어의 위치에 오는 말의 대상은 반드시 존재한다고 생각했다. 그래서 철학에서는 '빈센트 반 고흐는 스스로 자신의 귀를 잘랐다'와 같은 문장에서 주어의 위치에 오는 '빈센트 반 고흐'는 반드시 존재하는 실체에 해당하고, '스스로 자신의 귀를 잘랐다'는 그러한 실체가 지니는 속성에 해당하는 것으로 이해하는 오랜 형이상학적 역사가 있었다.

이러한 형이상학적 패러다임에서는 '자유는 고귀한 가치다'의 경우처럼 추상적 개념이 주어의 위치에 있다 하더라도 '자유'라는 말이 주어이기 때문에 그 단어가 지칭하는 대상이 반드시 존재하는 것으로 이해해야 한다. 관념론자라면 이를 큰 문제로 여기지 않을 것이다. 어디인지 모르지만 우리의 마음 어디엔가 관념의 세계가 있고, 그러한 관념의 세계에 '자유'라는 말에 대응하는 대상이 존재한다고 볼 것이기 때문이다.

수 개념에 대한 앞의 설명에서 보듯이 관념론의 영향 아래 있던 젊은 시절의 러셀 역시 그러한 방식으로 이 문제를 이해했다. 그래서 추상적 개념 뿐 아니라 '히틀러의 딸'이나 '둥근 사각형'과 같은 표현에 대해서도 어떤 방식으로든 그것이 지칭하는 대상에 대해 존재론적 지위를 부여하려고 했다. 실존한 적이 없는 사람을 나타내는 '히틀러의 딸'과 같은 표현의 경우, 러셀은 재키 프렌치(Jackie French)의 소설 『히틀러의 딸(Hitler's Daughter)』에서처럼 픽션의 세계에 등장하는 인물로서의 '히틀러의 딸'은 지칭할 수 있는 것으로 보았다. 즉, 실제 세계에서는 지칭하는 대상이 없지만, 관념의 세계에는 지시대상이 있기 때문에 '히틀러의 딸'이라는 표현이 삽입된 문장이 무의미한 것은 아니라는 것이다.

그러나 그렇게 하다 보면 러셀이 생각하는 철학적 우주는 구성원들이 너무 많은 과밀도의 세계가 되어 버린다. 더구나 러셀은 『수학의 원리』 출간 이후 수를 어딘가에 존재하는 대상으로 여겼던 시각에 회의적이 되었다. 집합으로 수를 설명하고자 했지만 패러독스를 발견하면서 집합 개념 자체를 필요에 의해 도입된 논리적 허구로 바라보기 시작하게 되었고, 결과적으로 각각의 수에 대응하는 실재를 고집할 이유가 없어지게 된다. 결국 20세기에 접어들면서 러셀은 이전의 자신을 사로잡았던 관념론의 영향으로부터 완전히 벗어나게 되었다.

이제 러셀은 전통적인 철학의 패러다임에서 벗어나 새로운 방식으로 존재에 대한 분석을 시도한다. 그래서 '수' '자유' '히틀러의 딸' '둥근 사각형'과 같은 말에 대응하는 대상이 반드시 존재한다는 생각을 할 필요 없이 얼마든지 이 말들을 의미 있는 방식으로 사용할 수 있음을 보여주기 위해 이른바 '기술의 이론(The theory of descriptions)'을 제시한다. 이 이론의 골자는 이른바 문법적 주어의 위치에 오는 거의 대부분의 표현들은 실질적으로는 지칭하는 기능을 하지 않는 기술구에 지나지 않는다는 것이다. 이것이 무엇을 뜻하는지 예를 통해 살펴보자.

누군가 "대한민국의 현재 국왕은 대머리다"라는 말을 했다고 가정해 보자. 군주제를 채택하지 않는 대한민국에 국왕이 있을 리 만무하고, 있지도 않은 국왕의 머리털 유무에 대해 진위를 가리는 것 또한 난센스이겠지만, 그럼에도 불구하고 우리는 이 말이 무슨 뜻인지 이해할 수 있다.

전통적 패러다임에 따르면, 이 말이 무슨 뜻인지 우리가 이해한다는 것은 이 말에 등장하는 '대한민국의 현재 국왕'이라는 구절이 주어이며, 따라서 지칭하는 대상이 있어야 함을 뜻한다. 그런데 러셀은 이러한 문장의 외견적인 문법적 구조가 사람들을 철학적인 오해에 빠뜨리고 있다고 보았다.

결론부터 말하면, 이 문장에서 '대한민국의 현재 국왕'은 문법적으로는 주어의 위치에 있을지 모르지만, 논리적으로는 결코 주어로 기능하지 않는다는 것이다. 그래서 한 문장처럼 보이는 '대한민국의 현재 국왕은 대머리다'라는 문장이 논리적으로는 세 개의 문장이 결합된 형태라는 점을 분석해 낼 수 있다고 보았다.

> (1) 대한민국의 국왕이 있다.
>
> (2) 오직 단 한 명의 대한민국 국왕이 있다.
>
> (3) 대한민국의 국왕은 그것이 누구이든 대머리다.

'대한민국의 현재 국왕은 대머리다'라는 말은 곧 '(1)+(2)+(3)'으로 분석할 수 있고, 이를 풀어 쓰면 '대한민국의 국왕이 있고, 오직 단 한 명의 대한민국 국왕이 있는데, 그 대한민국의 국왕이 누구이든 대머리다'라는 것이다. 이 새로운 문장은 길기는 하지만, 그 어디에도 주어처럼 기능하는 '대한민국의 현재 국왕'이라는 구절이 나타나지 않는다.

전통적으로 철학자들은 '대한민국의 현재 국왕은 대머리다'와 같은 표현에서 주어에 해당하는 '대한민국의 현재 국왕'이라는 구절이 지칭하는 대상이 반드시 존재해야 한다고 보았지만, 그것은 잘못된 믿음이었다는 것이다. 문법적으로 볼 때 '대한민국의 현재 국왕'은 주어임에 틀림없다. 그러나 러셀은 논리적 분석을 통해 문법적 주어가 반드시 논리적 주어인 것은 아님을 보인 것이다. 따라서 '대한민국의 현재 국왕'은 어떤 대상을 지칭해야 할 필요나 이유가 없으며, 실제로 존재하지 않는 대상을 존재하는 것처럼 상정하지 않아도 그 구절이 포함된 문장 '대한민국의 현재 국왕은 대머리다'라는 말이 의미를 지닐 수 있는 것이다.

러셀은 현대 언어철학의 고전이 된 「지칭에 관하여(On Denoting)」라는 논문에서 이 이론을 소개하고 있는데, 1905년에 발표한 이 논문에서 그는 자신이 발전시킨 기호를 사용하는 새로운 논리적 방법을 동원해 설명하고 있다. 그가 이 문제를 이른바 기호논리학의 방법으로 분석해 설명한 이유는 '대한민국의 현재 국왕은 대머리다'와 같은 일상어의 표현들이 논리적으로 명료하지 않으며, 바로 그러한 불명료성이 문장의 논리적 구조를 볼 수 없게 만든다고 보았기 때문이다.

마치 물리학이 수학이라는 언어를 도구로 이용해 자연현상을 설명하듯 수학마저도 논리적으로 설명이 가능하다고 보았던 러셀은 자연현상은 물론 우리가 이해하는 세계에 대한 모든 사실들과 형이상학적 문장들까지도 논리적으로 설명할 수 있다고 보았다. 그가 발전시킨 새로운 논리학은 가장 엄밀하고 명료한 체계이며, 확실한 지식을 추구하는 입장에서 그만큼 믿을 만한 설명의 도구는 없었기 때문이다.

그래서 '대한민국의 현재 국왕은 대머리다'라는 일상어의 문장을 '(1)+(2)+(3)'이라는 또 다른 일상어의 문장으로 풀어 설명하는 데는 엄밀성과 관련해 어느 정도 한계가 있다. 또 그 문장이 사실은 '(1)+(2)+(3)'으로 이루어진 문장이라는 것을 납득하는 데도 어려움이 있을 수 있다. 러셀의 생각은 기호 논리를 도입할 때 비로소 논리적 구조가 드러나는 방식으로 표현될 수 있다는 것이었다.

사실 기술의 이론을 이해하기 위해 필요한 논리적 기호는 대학에서 가르치는 교양 수준의 논리학 지식만으로도 충분히 이해할 수 있을 정도로 간단하다. 하지만 여기서는 우리가 보통 아무 것이나 대입해도 된다고 약속하는 기호인 'x'와 'y' 이외의 다른 기호의 도입 없이 그에 준하는 방식으로 일상어를 풀어 살펴보자.

위에서 '대한민국의 현재 국왕은 대머리다'라는 문장을 (1), (2), (3)으로 풀어 썼는데, 여기서 (1), (2), (3)은 다시 다음과 같이 풀어 쓸 수 있다.

(1a) 어떤 것(사람)이 있는데, 그것(사람)은 대한민국의 국왕이다.
(2a) 다른 모든 것(사람)에 대하여, 그 다른 것(사람)이 대한민국 국왕이라면, 그 다른 것(사람)은 위의 어떤 것(사람)과 같은 것(사람)이다.
(3a) 그것(사람)은 대머리다.

위에서 '어떤 것' '그것' 또는 '다른 것'과 같은 일상어의 표현
이 이미 혼란을 일으킨다. 그래서 그 부분만 기호로 바꾸어 보
자. (1a)의 '어떤 것'을 'x'로 표시하고, (2a)의 '다른 것'을 'y'로
바꾸기만 해도 다음과 같이 훨씬 명료해진다.

(1b) x가 있는데, 그 x는 대한민국의 국왕이다.

(2b) 다른 모든 y에 대하여, 그 y가 대한민국 국왕이라면, 그 y는
    x와 같다.

(3b) x는 대머리다.

여기서 (2b)가 뜻하는 것은 'x가 대한민국의 국왕이며,
다른 어떤 것도 대한민국의 국왕이 아니다'이다. 따라서
(1b)+(2b)+(3b)로 연결해 보면, '대한민국 국왕인 x가 있고, x 외
의 다른 어떤 y도 대한민국의 국왕이 아니며, 그 x는 대머리다'
라는 말이 된다. 주목할 점은 이렇게 논리적으로 풀어 고쳐 쓴
문장에서 '대한민국의 현재 국왕'이라는 표현은 주어로 등장하
지 않는다는 것이다. 주어의 위치에 있는 'x'는 무엇이든 대입
할 수 있는 일종의 변항이다. 따라서 그에 대응하는 고정된 하
나의 대상이 있을 필요가 없다.

이러한 논리적 분석을 통해 러셀이 얻은 것은 과거에 그가
상정했던 것들, 즉 무수히 많은 존재들로 넘쳐나는 우주에 반드

시 있다고 할 필요가 없는 것들에 대해서는 굳이 존재론적 지위를 부여할 필요가 없게 되었다는 점이다. 그가 고민해온 수 개념이나 추상적이지만 반드시 존재해야 한다고 여긴 '자유'와 같은 개념들, '히틀러의 딸'과 같은 상상 속의 존재들, '둥근 사각형'과 같은 불가능한 존재들, '양자'나 '쿼크'처럼 눈에 보이지는 않지만 과학에서 사용하는 많은 개념들을 지칭하는 실제 대상을 그저 논리적으로 구성해낸 픽션으로 이해할 수 있는 새로운 길을 연 것이다.

기술의 이론은 러셀이 관념론의 영향으로부터 완전히 벗어났음을 보여주는 것이며, 그가 발전시킨 새로운 논리학의 방법들을 일상적 철학의 물음에 적용하기 시작했음을 뜻한다. 뿐만 아니라 이후 언어분석철학의 전개에도 지대한 영향을 미쳤다. 기호를 사용하는 논리적 언어는 일상어의 불명료함을 대체할 완전한 언어(이상 언어)의 지위를 확보해 이후의 분석적 전통을 규정하는 하나의 패러다임을 만들어냈으며, 다른 한편으로는 지칭과 관련한 언어철학의 주요 문제의 출발점을 제시했다. 이런 점에서 철학적으로 매우 중요한 의의가 있다.

하나의 아이러니라면 앞에서 본 것처럼 러셀의 「지칭에 관하여」라는 논문의 내용은 사실은 '지칭(하지 않는 것)에 관하여'로 이해하는 것이 맞다. 주어의 위치에 있어서 반드시 지칭 대상이 있어야 한다고 여겨지는 대부분의 표현들이 실제로는 지칭하는 기능을 하지 않음을 보여준 논문이기 때문이다.

이제 러셀은 관념론으로부터 완전히 벗어나 흄(David Hume)에서 절정에 이른 영국 근대철학에서의 경험주의 전통을 계승하는 위치에 서게 된다. '경험주의'는 우리가 무엇을 알기 위해서는 반드시 경험을 매개로 해야 한다는 입장이다. 그렇다면 바로 의문이 생긴다. 만약 러셀이 대부분의 표현이 지칭하는 기능을 하지 않는다고 한 것이 맞다면, 도대체 지칭할 수 없는 것을 어떻게 알 수 있다는 말인가? 바로 이 문제에 답하기 위해 러셀은 지식의 문제에 대해 논의하기 시작했다.

확실한 지식을 찾아서

철학에서 지식에 관한 문제는 고대 그리스에서부터 다루어 져왔다. 지식은 곧 앎을 뜻하는데 '우리는 무엇을 알 수 있는 가?'라는 물음에서 시작해 '만약에 우리가 알 수 있다면 어디까 지 알 수 있는가?'하는 지식의 범위에 대한 물음, 그리고 '우리 는 어떻게 알 수 있는가?'라는 지식의 소스와 방법에 관한 물 음들로 이루어진다. 물론 러셀에게는 어려서부터 확실한 지식 에 도달하는 것이 그를 철학으로 이끈 주된 동기였으므로 지 식에 관한 문제가 전혀 새로운 것은 아니었다. 그러나 『수학 원 리』 출간 이전, 즉 1910년에 이르기까지는 수학의 기초에 대한 문제에 다소간 몰입하고 있었고, 그러한 문제는 다분히 기술적인 측면이 있었다.

실제 『수학 원리』의 완성은 10년 가까이 걸렸는데, 본격적인 집필은 러셀이 자신이 발견한 패러독스에 대한 해결책인 유형론을 발전시킨 1906년 이후 시작됐다. 1907년부터 완성 시점까지 1년 중 8개월 정도를 매일 10~12시간씩 집필에 할애했는데, 특별히 도입된 기호들 때문에 타자기의 도움을 빌릴 수도 없었고, 복사본을 만드는 것도 불가능했다. 그래서 수천 페이지에 이를 정도로 원고량이 많아지자 러셀은 산책을 하러 나가서도 집에 불이 나 원고가 불타면 어쩌나 걱정할 정도였다.[5]

하지만 그런 우려와 철학적 중요성이 무색하게 『수학 원리』는 널리 읽힌 책이 아니었다. 러셀의 냉소적인 후일담에 따르면, 그 책을 전부 다 읽은 사람은 고작 여섯 명 뿐일 것이라고 했으며, 실제로도 논리적으로 중요한 제1권의 일부를 제외하고 오늘날도 전권이 읽히지는 않는다. 책을 출판하기로 한 케임브리지 대학 출판부는 이런 사실을 예견해 예상되는 적자의 50%를 저자들이 부담할 것을 요구했다고 한다. 그중 일부는 왕립학술원의 도움을 받았으나 화이트헤드와 러셀은 각각 자비 50파운드를 들여서야 겨우 출판을 마쳤다.[6]

아무도 읽지 않을 만큼 이 기술적으로 난해한 책 출간 이후 러셀은 일반 대중들이 쉽게 이해할 수 있는 철학을 하기 시작했다. 『수학 원리』에서 추구했던 논리적 작업을 본격적으로 일상 철학의 문제에 적용하기 시작한 것이다. 그렇게 처음 출판한 작품이 『철학의 문제들(The Problems of Philosophy)』이다. 이 책은 제목 덕에 철학 입문용 저서로 종종 소개되곤 하는데, 책의 첫머리는 다음과 같이 시작한다.

너무나 확실해서 분별 있는 사람이라면 어느 누구도 의심할 수 없는 지식이 있을까? 이 물음은 처음에는 그리 어려워 보이지 않지만 진정 가장 어려운 질문 중 하나다. 우리가 직접적이고 자신 있게 답하는 데 난관이 있음을 깨달을 때, 비로소 철학이란 학문을 시작하게 되는 것이다. 왜냐하면 철학은 단지 그러한 궁극적인 물음에 대해 우리가 일상생활이나 과학에서 하듯이 부주의하고 독단적인 방법이 아니라 비판적으로 답하려는 시도이기 때문이다.[7]

일반적으로 우리는 많은 것을 확실히 알고 있다고 믿는다. 내가 존재한다는 사실도 확실하고, 내가 보고 듣고 느끼는 것들도 대부분 확실하다고 믿는다. 뿐만 아니라 어려서부터 학교에서 배운 많은 지식들은 잊어버리지만 않았다면 전부 내가 확실하게 알고 있는 것 아닌가? 그런데 러셀은 왜 '확실한 지식이 있는가?'라는 물음이 가장 어려운 물음이라고 말하는 걸까?

철학에서 지식에 관해 다루는 분야를 '인식론(epistemology)'

이라고 부른다. 이것은 '우리는 무엇을 알 수 있는가?'라는 질문을 던지며, 따라서 '무엇 무엇을 알 수 있다'라는 답을 얻을 수도 있지만 경우에 따라서는 '아무 것도 알 수 없다'는 답이 나올 수도 있는 물음이다. 사실 인식론의 역사는 '우리는 무엇인가를 확실히 알 수 있다'와 '우리는 아무 것도 확실히 알 수 없다'라는 두 대답이 티격태격 다투어 온 역사라 해도 과언이 아니다. 그 정도로 확실한 지식에 대해 묻는 것은 매우 어렵다.

보통 '아무 것도 알 수 없다'는 태도에 대해 '회의주의(skepticism)'라는 이름을 붙이기도 하는데, 회의주의의 원조 격인 고대 그리스의 철학자 피론(Pyrrhon)은 '확실하게 알 수 있는지 없는지 알 수 없다'는 입장을 취한 것으로 알려져 있다. 그런데 이런 지식의 문제가 철학에서 뜨거운 쟁점으로 자리 잡게 된 것은 이성이 중요한 화두가 된 근대에 이르러서이다.

근대 철학의 아버지라 불리는 데카르트(Rene Descartes)는 확실한 지식에 도달할 수 있다는 입장을 취했으며, '나는 생각한다, 고로 존재한다'는 유명한 명제야말로 너무나 확실해서 결코 의심할 수 없는 철학의 제1원리라고 주장했다(여기서 '생각하는 나'의 의미는 '의식이 있어서 생각할 뿐 아니라 감각하고 느끼는 나'를 뜻한다). 데카르트는 바로 그 제1원리를 기초로 해 다른 지식들을 확립해 나갈 수 있다고 보았다.

반면 근대 영국 경험주의의 정점에 있었던 흄은 생각이 달랐다. 철저한 경험주의자였던 그는 우리가 직접 경험하지 못하는 것들에 대해 받아들이기를 거부했다. 그래서 스마트폰과 컴퓨터 같은 물리적 대상은 물론 자아에 대해서도 그 존재 여부를 확실히 알 수 없다는 회의적 입장을 취했다. 흄은 우리가 지각하는 것만이 존재한다고 보았는데, 이때 '지각(perception)'이란 감각기관을 통해서건 생각을 통해서건 우리 의식에 직접적으로 나타나는 것을 뜻한다. 그래서 지각은 오감으로 경험하는 것, 정서나 욕구, 의지 등을 포함하는 심적 작용을 포함한다.

그런데 이러한 관점에서는 지각되는 것과 지각 대상이 반드시 같다고 말할 수 없다. 지각되는 것만이 내가 경험하는 것이고, 그 지각 대상은 나의 경험 밖에 있다. 지각되는 것만이 나의 의식에 나타나고, 그 지각 대상은 나의 의식 밖에 있기 때문이다. 내가 지금 작업을 하고 있는 컴퓨터 모니터를 예로 들어 보자. 내가 컴퓨터 모니터를 눈으로 볼 때, 내 의식에 나타나는 컴퓨터 모니터(지각되는 것)가 나의 의식 밖에 실제로 존재한다고 여겨지는 컴퓨터 모니터(지각 대상)와 같은지 다른지를 비교할 방법이 없다. 따라서 흄은 물리적 대상으로서의 컴퓨터 모니터가 존재하는지 여부를 확실히 알 수 없다고 한 것이다.

흄에 따르면, 컴퓨터 모니터나 스마트폰처럼 감각기관인 눈과 손을 이용해 경험할 수 있는 대상은 우리가 확실히 알 수 없다. 컴퓨터 모니터를 눈으로 보는 순간 나의 의식에 나타나는 것은 특정한 시각 경험의 정보들이며, 내가 하나의 물체로서 컴퓨터 모니터 자체를 본다고 할 수 없다. 모니터를 손으로 잡을 때도 마찬가지다. 나의 의식에 주어지는 것은 어떤 촉각 경험의 정보들이지, 계속해서 존재하는 물체로서의 컴퓨터 모니터는 아니다.

물론 상식적인 의미에서 일상생활의 차원에서 흄이 컴퓨터 모니터나 스마트폰 같은 물건의 존재를 부정하거나 알 수 없다고 말한 것은 아니다. 그러나 철저한 경험주의의 관점에서 우리가 어떤 물리적 대상이 지속적으로 존재한다는 것을 계속해서 지각하거나 이성적으로 확인할 수 없다는 점에서 회의적 입장을 취한 것이다. 그리고 이제 이러한 흄의 입장은 러셀에 의해 발전적으로 계승되고 있다.

흄은 우리가 직접 지각하게 되는 것을 '인상(impression)'이라고 불렀는데, 다만 러셀은 그에 대해 '감각재료(sense-data)'라는 훨씬 진전된 개념을 사용했다. 인상은 앞서 설명한대로 우리의 의식(마음)에 직접 나타나는 것으로 본질적으로 정신적인 것이다. 직접 경험되는 것이지만 마음속에 있기 때문이다. 그런데 러셀은 경험주의의 전통을 계승하는 과정에서 로크(John Locke), 버클리(George Berkeley), 흄으로 이어지는 인식론의 전개에 무언가 문제가 있다고 생각했다. 그는 '지각되는 것'이 마음속에 있는 것이라는 관점을 받아들일 수 없었다.

'지각되는 것'이 마음속에 있는 것이라는 잘못된 생각은 버클리의 실수였는데, 러셀은 그 이유가 '지각되는 무엇'과 '무엇을 지각하는 것'을 혼동했기 때문이라고 보았다. '무엇을 지각하는 것', 즉 지각 행위는 마음속에서 일어나는 일이다. 하지만 '지각되는 무엇'은 마음속에 있다고 볼 수 없다는 것이다. 러셀은 그 '지각되는 무엇'을 감각재료라고 불렀으며 그것은 우리 머릿속에 있기는 하나 마음과 같은 정신의 영역이 아니라 물리적인 것이라고 보았다.

그래서 흄의 경우 '인상'이라는 용어가 마음속에 존재하는 어떤 것을 지칭하는 것이라면, '감각재료'라는 말은 사람들에 따라 종종 마음속 존재를 지칭하는 것으로 사용되었다. 그러나 러셀의 경우에는 물질적인 것을 지칭하는 용어로 사용됐다. 그래서 인상과 달리 러셀의 감각재료는 물리적 대상의 표면 일부일 수도 있고, 빛이나 소리의 파장일 수도 있고, 관찰자의 신경계에 있는 것일 수도 있다.[8]

철저한 경험주의자의 관점을 유지한 측면에서 러셀은 흄을 계승했다. 그러나 흄과는 다른 발전적 견해를 보이면서 흄에게서 나타나는 회의주의적 색채로부터 한층 자유로울 수 있었다. 단순하게 말하면, 흄의 경우에는 우리가 경험할 수 있는 영역이 인상들(과 그 조합들)로 제한되기 때문에 물리적 세계가 있다고 확언할 수 없었다. 러셀도 우리가 물리적 세계 자체를 경험한다고 보지는 않았다는 점에서 흄과 동일한 노선에 있다.

그러나 러셀은 감각재료를 경험한다는 점에서 우리가 물리적 세계의 파편들을 경험한다고 말할 수 있었다. 그래서 우리가 직접 경험하는 것을 토대로 논리적 구성을 통해 물리적 세계를 설명할 수 있는 길을 열었다. 이런 점에서 러셀은 근대 영국 경험주의를 진일보시켰다고 평가할 수 있다.

그럼 구체적으로 감각재료가 무엇을 뜻하는지, 그리고 그로부터 어떻게 러셀이 우리의 지식을 확장해나가는지를 살펴보자. 『철학의 문제들』에서 러셀은 감각재료를 다음과 같이 설명하고 있다.

감각에서 직접적으로 알려지는 것들을 '감각재료'라고 이름 붙이기로 하자. 색채, 음향, 냄새, 견고성, 까칠함 등이 그런 것들이다. 이런 것들을 직접 의식하게 되는 경험을 '감각 (sensation)'이라고 이름 붙이기로 하자.[9]

여기서 러셀은 '감각재료'를 우리가 의식하게 되는 '감각' 경험과 구분해 그것이 물질 자체의 일부임을 분명히 하고 있다. 무엇인가를 직접 의식하는 경험이 '감각'이고, 우리가 직접 의식하는 무엇인가가 바로 '감각재료'인 것이다.

다시 컴퓨터 모니터를 예로 들어보자. 우리가 컴퓨터 모니터에 대해 알고 있다면, 그것은 감각재료에 의해 알게 되는 것이다. 내가 컴퓨터 모니터를 보고 만지면서 '여기 컴퓨터 모니터가 있다'는 것을 알 때, 나는 컴퓨터 모니터라는 물체 자체를 경험한 것이 아니다. 내가 경험한 것은 나의 시각 경험에 들어온 모양에 대한 정보, 색채에 대한 정보, 촉각 경험에 들어온 표면에 대한 정보들이다. 즉, 나는 컴퓨터 모니터라고 부르는 것에 대한 여러 감각재료들을 접함으로써 '여기 컴퓨터 모니터가 있다'는 것을 안다고 말한다.

내가 사용하고 있는 모니터는 직사각형 모양에 검은색, 그리고 표면이 부드럽고 딱딱하다. 내가 직접 경험하는 것의 내용은 바로 그러한 특징들이다. 그런데 이런 특징(감각재료)들이 나의 모니터를 설명해줄 수는 있지만, 나의 모니터가 감각재료들이라고 말할 수는 없다. 왜냐하면 내가 직접 경험한 것은 검은색과 직사각형 모양, 부드럽고 딱딱한 표면 등이 전부이기 때문이다.

만약 내가 경험하는 모니터의 특징들과 모니터가 반드시 같은 것이라고 말할 수 없다면, 내가 모니터를 보거나 만질 때 가지게 되는 감각재료와 나의 모니터와는 어떤 관계에 있는 것일까? 여기서 나의 컴퓨터 모니터는 물리적 대상(physical object)이며, 모든 물리적 대상들의 집합은 우리가 물질(matter)이라고 부르는 것이다. 그런데 나는 모니터의 감각재료들은 직접 경험할 수 있는 반면, 모니터 자체에 대해서는 직접적인 경험을 가질 수 없다. 따라서 다음과 같이 물을 수 있다.

(1) 물질과 같은 것은 존재하는가?
(2) 만약 존재한다면 그 본성은 무엇인가?[10]

이 물음이 러셀에게 중요한 이유는 경험주의자로서 그가 가장 직접적으로 경험할 수 있는 것에서부터 우리가 살고 있는 세계를 설명하려고 시도했기 때문이다. '경험주의'란 우리가 알 수 있는 모든 것은 우리가 직접 경험할 수 있거나 경험으로 환원할 수 있어야 한다는 입장이다. 바꾸어 말하면, 우리가 직접 의식하게 되는 경험들로부터 (직접 경험할 수 없지만 알 수 있는) 우리의 모든 지식을 구성해 낼 수 있다는 입장이다.

이것은 그리 낯선 생각이 아니다. 수학기초론에 몰두해 있던 러셀이 가장 확실한 논리학의 몇몇 공리들로부터 참인 명제들로 이루어진 수학의 전 체계를 구성해내려고 했던 바로 그 기획이나 방법과 정확히 맞아 떨어진다. 수학은 논리학으로 환원 가능하다는 믿음, 바로 그 믿음에 십여 년의 세월을 바친 러셀은 이제 우리의 모든 지식이 가장 직접적인 경험이기에 가장 확실하다고 할 수 있는 감각재료들로부터 나의 외부에 있다고 여겨지는 물질의 세계를 논리적으로 구성해내려는 것이다.

물리적 대상으로 이루어진 물질의 세계가 존재하지 않는다고 여기는 것은 상식적으로는 납득이 되지 않을지도 모른다. 물론 이전의 경험주의자들처럼 러셀은 눈에 보이는 컴퓨터 모니터나 그것이 놓여 있는 책상, 내가 앉아 있는 의자가 존재하지 않는다고 말하고자 한 것은 아니다. 이러한 문제가 철학적으로 중요한 이유는 그러한 물질이 특정한 본성을 지니고 내가 보지 않을 때에도 계속해서 존재하는 것이어서 내가 보고 느낀 것이 단지 내가 만들어 낸 상상의 결과물이거나 한낱 꿈이 아니라는 것을 보일 필요가 있기 때문이다.

컴퓨터 모니터 같은 물리적 대상이 독립적으로 존재하는 대상이라는 것을 확실히 알 수 없다면 다른 사람의 신체가 독립적으로 존재하는 대상인지도 확실히 알 수 없을 것이고, 따라서 다른 사람들에게 마음이 실제로 있는 것인지도 알 수 없다는 결론에 도달하게 될 것이다. 따라서 물리적 대상이 독립적 존재가 아니라면, 내가 알고 있는 모든 세상의 것들은 전부 나의 꿈에 지나지 않는다고 해야 할 것이다.

이러한 생각은 철학에서 '유아론(solipsism)'이라고 부르는 관점이다. 이는 오직 나와 나의 경험만이 진짜이고, 그 외의 모든 것은 꿈과 같다는 관점이다. 러셀이 전통을 잇고 있는 경험주의를 포함해 대부분의 근대 철학자들은 이 유아론에 빠지지 않기 위해 고심했다. 그런데 문제는 유아론이 틀렸다는 것을 논리적으로 입증하기가 매우 어렵다는 것이다. 그럼에도 불구하고 러셀이 보이려는 것은 유아론이 참이라는 것을 전제할 이유 또한 없다는 점이다. 그는 가장 확실한 경험인 감각재료들로부터 물리적 대상들을 논리적으로 구성할 수 있다고 보았다.

직접경험의 지식과 논리적 추론에 의한 지식

내가 지금 작업을 하고 있는 컴퓨터 모니터가 내가 작업을 하지 않을 때도 계속해서 나의 책상 위에 놓인 채로 존재하는 물리적 대상임을 어떻게 알 수 있을까? 이 점과 관련해 러셀은 먼저 나의 눈에 들어오는 시각 경험의 정보들, 검은색, 직사각형 등을 느끼게 해주는 감각재료는 원초적 확실성을 지닌다고 보았다. 내가 특별한 노력을 기울이지 않아도 나는 색채나 음향, 냄새와 같은 감각재료를 경험하게 되며, 그러한 경험의 확실성을 부정하기는 어렵다.

문제는 그러한 감각재료가 감각재료 너머 물리적 대상이 있다는 것의 신호라고 말할 수 있느냐는 것이다. 내가 작업을 중단하고 방을 나가는 순간, 컴퓨터 모니터의 감각재료는 더 이상 나에게 나타나지 않을 것이다. 그러면 내가 눈으로 보지 않는 동안 컴퓨터 모니터라는 물리적 대상이 존재하지 않는다고 말해야 하는 것일까?

나는 그 모니터라는 물건(물체)을 구매했고, 줄곧 나의 책상 위에 올려놓았으며, 작업할 때마다 전원 스위치를 눌러 작동시켰고, 장시간 사용하지 않을 때는 먼지가 쌓이지 않도록 커버를 씌워 놓기도 했다. 이러한 일련의 행동들은 감각재료들의 집합에게 한 것이 아니라 컴퓨터 모니터라는 물리적 대상에게 한 것이라고 보아야 한다.

감각재료뿐 아니라 감각재료를 일으킨다고 여겨지는 물리적 대상이 있어야 할 중요한 또 하나의 이유는 나 이외의 다른 사람들이 컴퓨터 모니터를 보았을 때 나와 같은 경험을 한다고 이야기하는 현상을 설명할 수 있어야 하기 때문이다. 즉, 다른 사람이 내 방에 들어와 내가 책상 위에 놓은 컴퓨터 모니터를 보면서 작업하고 있는 것을 볼 때, 내가 보고 있는 모니터와 다른 사람이 보는 모니터가 다른 것일 수는 없다. 그럼에도 불구하고 관찰 위치나 각도에 따라 그 사람과 나는 서로 다른 감각재료를 경험하게 될 것이다. 따라서 감각재료만 있고 물리적 대상이 없다면 서로 같은 물건을 보고 있음을 설명할 수 없을 것이다.

여러 사람이 나의 컴퓨터 모니터를 본다고 해보자. 그 경우 보는 사람마다 관찰 위치와 각도가 다르기 때문에 그들이 직접 경험하게 되는 감각재료는 모두 조금씩 다를 것이다. 결국 감각재료는 경험하는 각각의 사람에게 사적인(private) 경험일 수밖에 없다. 그러나 그렇다고 해서 내가 구입한 컴퓨터 모니터가 나에게만 사적인 감각재료들의 집합이라고 말할 수 있을까? 그렇지 않을 것이다. 나는 모니터를 제작한 사람의 사적인 감각재료들의 집합을 구입한 것이 아니기 때문이다. 내가 구입한 것은 공적인(public) 물건이다. 다른 사람의 사적인 감각재료를 구입할 수 있는 방법은 어디에도 없다.

결국 내가 경험하는 모니터의 감각재료는 다른 사람들이 경험하는 그것과 매우 유사하겠지만, 그렇다고 해서 모니터라는 물체는 없고 모니터의 감각재료들만 존재한다고 말할 수는 없다. 그 감각재료들에 더해 영구적인 공적인 대상이 있다고 말할 수 있다. 바로 그 공적인 대상으로서의 컴퓨터 모니터가 많은 사람들이 여러 시점에서 경험하게 되는 감각재료들을 일으킨다.

컴퓨터 모니터와 같은 물체 뿐 아니라 다른 사람들의 존재도 마찬가지다. 내가 보고 듣고 경험하는 모든 것이 그저 나의 꿈이 아니라 실제로 존재하는 것이라면, 내가 아닌 다른 사람 그리고 다른 사람의 마음까지도 실제로 존재하는 것이어야 한다.

러셀은 물체뿐 아니라 내가 알고 있는 다른 사람의 신체와 마음 역시 감각재료들을 통해 나에게 알려진 것이기 때문에 그것들이 나의 마음으로부터 독립적으로 존재함을 확립할 수 있어야 한다고 보았다.

다른 사람의 존재가 나의 상상의 산물 또는 꿈이 아님을 보이는 것은 컴퓨터 모니터의 경우보다 훨씬 어려운 문제일 것이다. 그러나 컴퓨터 모니터는 실재하지 않고 그 감각재료들만 있을 뿐이라고 가정했을 때, 컴퓨터 모니터라는 물건을 설명하는 일은 쉽지 않았다. 컴퓨터 모니터라는 물체의 존재를 가정하는 것이 모니터와 관련된 우리들의 경험을 설명하기보다 훨씬 쉽고 단순하다.

마찬가지로 나 이외의 다른 사람들에 대해 설명할 때도 내가 알 수 있는 것은 그들의 감각재료뿐이라고 말하는 것보다 다른 사람들이 지속적으로 존재하고 있고, 내가 경험하는 것은 그들의 감각재료들이라고 말하는 것이 훨씬 쉽고 단순한 설명이다. 그렇지 않다면 우리는 각자 경험하는 세상을 설명하기 위해 매우 비효율적이고 복잡한 가정을 해야 할 것이다. 그래서 러셀은 이와 관련해 다음과 같은 상식적이고 직관적인 결론에 도달하고 있다.

어떤 면에서 우리가 우리 자신들 그리고 우리의 경험들 외의 것들의 존재를 증명할 수 없다는 것을 받아들여야 할 것이다. 세계는 나 자신과 나의 생각, 느낌들 그리고 감각들로 이루어져 있고, 그 외의 모든 것들은 그저 환상일 뿐이라는 가설로부터 어떠한 논리적 불합리성도 귀결되지 않는다. (중략) 삶전체가 꿈이라서 우리 자신이 우리에게 나타나는 모든 대상들을 스스로 만들어낸다는 가정은 논리적으로 불가능하지는 않다. 그러나 그것이 논리적으로 불가능하지 않다고 해서 그것이 참이라고 가정할 어떠한 이유도 없다. 그리고 사실 그렇게 가정하는 것은 우리로부터 독립적인 대상들이 진짜로 존재해서 그것들이 우리에게 감각을 일으킨다고 보는 상식적인 가설보다 우리 자신의 삶을 설명하는 수단으로써 덜 단순한 가설이다.[11]

이제 러셀이 지식을 어떻게 이해하고 있는지 구체적으로 살펴보자. 러셀은 지식을 크게 '진리의 지식(knowledge of truths)'과 '사물의 지식(knowledge of things)'으로 분류한 뒤 이 둘을 각각 다시 '직접적'인 것과 '도출적'인 것 두 종류로 나눴다. 직접적 진리의 지식은 곧 직관적 지식을 뜻하며, 이러한 지식은 자명한 진리들이다. 논리학과 수학의 명제들이 이에 속하는데 'A는 A이다'라든지 '1+2=3'이 대표적인 예다. 이는 경험을 통하지 않고 그것이 참이라는 사실을 알 수 있다는 점에서 철학에서 흔히 '아 프리오리(a priori)'하다고 말하는 지식이다. 그리고 이와 같이 자명한 진리들로부터 연역될 수 있는 명제들이 도출적 진리의 지식에 해당한다.

진리의 지식을 얻는 데 경험이 필요하지 않는 반면, 사물의
지식은 경험해야만 알 수 있는 종류의 지식이다. 직접적 사물의
지식은 반드시 직접 경험해야 알 수 있는 것으로 빨간색이나
특정 음의 감각재료를 경험하는 것이 그에 해당한다. 러셀은 이
러한 지식을 '직접지(knowledge by acquaintance)'라고 불렀다. 반
면 도출적 진리의 지식을 '기술지(knowledge by descriptions)'라고
불렀는데, 이러한 종류의 지식은 언제나 직접지와 진리의 지식
모두를 포함한다. 기술지에 해당하는 예로 앞서 든 컴퓨터 모니
터에 대한 지식을 들 수 있다.

상식적 관점에서 우리는 컴퓨터 모니터를 직접 경험한다고
생각할 수 있다. 그러나 러셀은 우리가 컴퓨터 모니터라는 사물
을 직접 경험할 수 없으며, 컴퓨터 모니터의 감각재료들만을 직
접 경험한다고 보았다. 사실 내가 컴퓨터 모니터로 작업을 하는
동안 경험하는 것은 특정 시간에 특정 위치와 각도에서 보게
되는 컴퓨터 모니터의 모습이다. 모니터의 앞면을 보고 있는 동
안 뒷면을 볼 수는 없다. 따라서 컴퓨터 모니터 전체를 계속해
서 직접 경험한다고 말할 수 없으며, 직접 경험하는 것은 매순
간 나타나는 모니터의 감각재료들이다.

위에서 감각재료를 경험하는 것은 직접지에 속한다고 했다.
따라서 우리가 가지는 직접지는 컴퓨터 모니터라는 사물이 아

니라 컴퓨터 모니터가 일으킨다고 여겨지는 감각재료들이다. 우리는 컴퓨터 모니터에서 검은색, 직사각형, 부드러운 촉감 등만을 직접 경험한다. '기술지가 언제나 직접지와 진리의 지식 모두를 포함한다'는 것은 바로 이러한 직접지를 기초로 해 진리의 지식에 해당하는 논리적 추론을 하게 되고, 이를 통해 컴퓨터 모니터라는 기술지를 얻게 된다는 것이다.

이제 직접지와 기술지의 관계에 대해 좀 더 자세하게 살펴보자. 사실 러셀이 사물의 지식을 직접지와 기술지로 나눈 이유는 경험주의자의 입장에서 지식의 영역을 충분히 확보하기 위해서다. 경험주의자들은 우리가 경험한 것, 또는 경험으로 환원할 수 있는 것만을 알 수 있다고 주장한다. 러셀에게는 우리가 직접 경험한 것이 직접지이고, 직접 경험할 수는 없지만 경험으로 환원할 수 있는 것이 기술지인 셈이다.

직접 경험할 수 있는 직접지는 감각재료처럼 우리의 경험에 직접 주어진 것들이다. 색채의 파편처럼 시각 경험에 주어진 것, 향수 냄새처럼 후각 경험에 주어진 것 등 감각기관을 통해 직접 경험하는 내용은 파편적이지만 가장 확실하게 안다고 말할 수 있는 것들이다. 러셀은 이러한 감각재료를 지칭하는 말을 '논리적 고유명(logically proper names)'이라 부르고, 그 예로 '이것' 또는 '저것'을 들었다. '이순신'이나 '버락 오바마' 같은 통상적인 사람의 이름이 고유명이라면, 러셀은 '이것' '저것'을 통상적 고유명과 구분하기 위해 '논리적 고유명'이라는 용어를 사용했다. 그 이유는 이순신이나 버락 오바마 같은 인물도 사실은 우리가 직접 경험할 수 있는 대상이 아니기 때문이다.

이쯤 되면 상식에 반하는 이야기처럼 들린다. 이순신이야 세상을 떠난 지 수백 년이 흐른 과거의 인물이라 우리가 만나볼 수 없는 인물이긴 하지만, 오바마의 경우 상황적인 제약만 없다면 직접 경험할 수 있는 인물이 아닐까? 러셀은 그렇지 않다고 보았다. 설사 내가 백악관의 참모라서 지근거리에서 오바마를 수시로 만날 수 있다 하더라도 나는 오바마라는 인물 자체를 직접 경험한다고 말할 수 없으며, 내가 오바마에 대해 직접 경험할 수 있는 것은 오바마의 감각재료들뿐이다.

그를 보는 순간 나의 시각경험에 들어오는 어두운 피부색 파편, 그가 말하는 순간 나의 청각경험에 들어오는 특유의 중저음 파편이 바로 그 감각재료들이다. 나는 시시각각 그런 감각재료들을 경험할 뿐이며, 인간 오바마를 계속해서 통째로 경험할 수는 없다. 인간 오바마는 그러한 직접 경험의 파편들로부터 논리적으로 구성해낸 인물이다. 그래서 '오바마'라는 일상적 의미의 고유명은 결코 논리적 고유명이 아니며, 그래서 직접적인 지시 대상을 가지지 않는 - 앞서 기술의 이론에서 보았듯이 그 논리적 구조를 은폐하고 있는 - '기술구'라는 것이다.

일상적으로 볼 수 있고 지칭도 가능한 오바마 대통령에 대한 이러한 분석은 상식적으로 잘 납득이 가지 않을 수도 있다. 그러나 눈에 보이지 않는 대상이나 실존하지 않는 가상의 대상으로 예를 돌리면, 경험주의자 러셀의 분석이 탁월한 것임을 쉽게 알 수 있다. '히틀러의 딸'과 같은 예가 그렇다. 우리는 그러한 인물을 직접 경험할 수 없지만, 그럼에도 불구하고 '히틀러의 딸'에 대한 지식을 얼마든지 가질 수 있다. 그에 대한 감각재료는 없지만, 우리가 히틀러라는 인물과 여자 자녀에 대해 가질 수 있는 감각재료들의 파편을 가지고 논리적인 추론에 의해 얼마든지 의미 있는 지식을 만들 수 있다.

눈에 보이지 않는 양자와 쿼크 같은 물리학의 대상들, 둥근 사각형과 같은 불가능한 수학적 대상들은 물론 당장 경험하거나 알 수 없는 대한민국의 제56대 대통령이나 세상에서 머리숱이 가장 많은 사람에 대해서도 우리는 얼마든지 기술지를 가질 수 있다. 그리고 그 기술의 이면에는 반드시 직접 경험해야 하는 요소들(직접지)과 논리적 추론(진리의 지식)이라는 요소들이 언제나 도사리고 있어 기술지가 지식의 지위를 가질 수 있는 것이다.

세계의 구조에 대한 탐구: 논리적 원자론

지금까지 살펴본 것이 우리의 지식과 관련한 러셀의 입장이었다. 확실한 앎에 대한 회의적 태도를 극복하고 경험주의자의 관점에서 우리의 지식은 직접지와 기술지로 이루어진다는 주장이었다. 그리하여 러셀은 나와 나의 경험뿐만 아니라 물리적 대상과 다른 사람들의 존재까지 확실한 앎의 범주에 넣을 수 있었다.

이처럼 지식의 가능성과 영역을 다루는 것이 '인식론'이라면, 이제 살펴볼 것은 그러한 인식론이 기대고 있는 '형이상학적' 측면이다. 어떤 존재가 있는지를 우리는 어떻게 알 수 있는가 그 여부를 다루는 것이 인식론이라면, 그러한 존재의 본성에 대한 궁리와 연구가 형이상학이다. 러셀은 나와 물리적 대상 그리고 다른 사람들의 존재를 알 수 있다고 했다. 그렇다면 그러한 존재들로 이루어진 세계의 본성은 무엇일까? 바로 그것이 러셀이 던지는 형이상학적 질문이고, 그 질문에 대한 대답은 이른바 '논리적 원자론(logical atomism)'으로 제시되고 있다.

제1차 세계대전이 한창이던 1916년 러셀은 징집반대운동에 적극적으로 참여했다. 그가 쓴 반전운동 팸플릿이 문제가 되어 재판을 받게 된 러셀은 당국에 의해 블랙리스트에 올랐다. 당시 하버드 대학의 초청을 받아 미국으로 출국하려 했으나 여권발급이 거부되고, 이어 케임브리지 대학으로부터도 강사직을 박탈당한다. 대학에서 강의할 수 없게 되자 러셀은 전쟁 문제와 관련된 강연과 저작활동을 주로 하게 된다. 그러던 중 1917년 말부터 1918년 초까지 「논리적 원자론의 철학」이라는 제목으로 여덟 차례의 강연을 했는데 이 내용은 1년 뒤 학술지에 실렸고, 나중에 단행본으로 출판되어 러셀의 철학적 세계관을 대중적으로 가장 널리 알린 글이 되었다.

「논리적 원자론의 철학」에 따르면, 러셀이 말하고자 하는 요지는 '세계는 단순한 개별자들로 이루어지며 그 개별자들마다 단순한 속성들을 가지고 다른 개별자들과 단순한 관계를 맺고 있다'는 것이다. 이것이 바로 러셀이 바라보는 세계의 가장 단순한 구조다. 이 말을 이해하기 위해 우리는 먼저 '단순한' '개별자' '속성' '관계'라는 용어의 의미를 명확하게 이해해야 한다.

먼저 '단순하다'는 것은 더 이상 쪼개어지거나 나누어지지 않는다는 의미로 러셀이 '원자론'이라는 말로 함축하는 바다. 복합적인 것은 더 단순한 것으로 분석할 수 있는데, 세계를 이해하는 데 있어서 가장 단순한 것으로 환원하고, 다시 가장 단순한 것들로부터 세계를 구성하고자 했던 러셀의 기획 단면을 잘 보여준다.

'개별자'라는 것은 앞에서 지식의 문제를 다루면서 소개했던 직접 경험할 수 있는 것에 해당한다. 즉 논리적 고유명에 의해 지칭될 수 있는 감각의 파편과 같은 것들이 개별자다. 그리고 감각재료가 바로 개별자의 대표적인 사례다. 그런데 각각의 개별자들에게는 나름의 성질이 있다. 내가 눈을 뜨고 어떤 색채의 파편을 직접 경험할 때 나는 그것이 파란색인지 빨간색인지 인지하게 되며, 그것이 파란색일 경우 파랗다는 것은 그 개별자가 지닌 속성이다. 이처럼 개별자는 속성을 지닌다.

그런데 세계에 대한 이해가 개별자와 속성만으로 이루어지는 것은 아니며, 언제나 관계의 측면이 개입한다. 내가 어떤 경험을 한 뒤 "이것은 파랗다"라고 말했을 때, 이 단순한 문장의 경우 특정 개별자가 파란 속성을 가진다는 관계를 동시에 나타낸다. 이때의 관계는 매우 단순한 관계라서 보통 관계라는 말을 쓰지 않지만, 다음의 경우는 다르다. 내가 두 개의 경험을 했다고 가정하자. "이것은 파랗다"와 "저것은 빨갛다"라는 경험이다. 이때 나는 파랑을 빨강보다 먼저 경험했다. 그러면 두 개 별자 사이에 시간적 선후 관계가 성립하게 된다.

이러한 측면을 일상의 상황으로 설명하면 좀 더 쉽게 이해할 수 있다. 세계의 구조를 설명하고자 한 것이 러셀의 의도였다는 데 초점을 맞추자. 그렇다면 일상의 상황에서 세계의 구조는 어떻게 설명될 수 있을까? 오늘 세상에서 일어나는 일들에 대해서는 보통 신문이나 방송 뉴스를 통해 보게 된다. 방송 뉴스에서 보도되는 기사에는 예외 없이 등장인물이 있고, 기사를 통해 우리는 그 등장인물이 어떤 성격의 인물이며, 어떤 일을 벌이거나 당했는지를 알게 된다. 이때 등장인물이 러셀이 말하는 개별자에 해당하고, 등장인물의 성격이 속성에 해당하며, 그가 벌이거나 당한 일이 관계에 해당한다.

또 하나의 예를 들어보자. 뉴스를 통해 미국의 제45대 대통령 취임식 보도기사를 접했다고 치자. '버락 오바마'라는 개별자가 있고, '미국의 제45대 대통령'이라는 속성이 있으며, '미셸 오바마와 결혼했다'라는 관계가 있다. 취임식에는 60~70만 명의 군중이 미 의회 의사당 주변에 운집했다고 한다. 결국 우리가 사는 세계는 버락 오바마와 미 의회 의사당, 취임식에 모인 사람들과 같은 개별자들로 이루어져 있고, 각각의 개별자들이

나름의 속성을 가지고 다른 개별자들과 관계를 맺는 사실들로 이루어진다고 할 수 있다.

러셀이 자신의 논리적 원자론에서 설명하고자 한 것은 바로 그런 세계의 모습이다. 단, 우리가 일상에서 일상의 언어로 기술하는 세계, 혹은 물리학자가 물리학의 언어로 기술하는 세계가 아니라 철학자가 논리학의 언어로 세계의 형식적 구조를 기술하고자 한 것이다. 이때의 기본 전제는 세계를 구성하고 있는 사실들과 언어를 구성하고 있는 명제들 사이에 모종의 대응관계가 성립한다는 것이다. 그래서 러셀은 세계를 이루는 사실들을 분석해 논리적 원자인 개별자에 도달함과 동시에 그 개별자를 지칭하는 언어적 요소를 찾으려 했다.

여기서 중요한 것은 세계는 개별자들만으로 이루어지지 않는다는 러셀의 생각이다. 개별자에게는 이러저러한 속성이 있으며, 이러저러한 속성을 지닌 다른 개별자들과 관계를 맺고 있다. 앞에서 개별자에 해당하는 대표적인 사례가 감각재료라고 했는데, 감각재료만으로는 의미 있는 이야기를 할 수 없다.

러셀에 따르면, 내가 순간적으로 경험하는 특정 감각재료를 말로 표현하는 방법은 '이것'이라는 논리적 고유명으로 지칭하는 수밖에 없다. 즉 그것은 직접지의 영역이며, 직접지의 특징은 경험하는 사람에게는 가장 확실한 지식이지만 다른 사람에게는 '이것'이라는 표현이 정확하게 무엇을 뜻하는지 전달이

어렵다.

그래서 우리가 세계를 이해하는 방식은 개별자만을 고립적으로 받아들이는 것이 아니라 언제나 '개별자+속성' 또는 '개별자+관계+개별자'와 같은 방식으로 받아들인다. 이를테면 '이것은 파랗다'라든지 '로미오는 줄리엣을 사랑한다'와 같은 사례가 그러한 방식을 잘 나타내준다. 이렇게 세계를 이해하는 방식은 세계가 사실들로 이루어져 있음을 보여준다. 그리고 그러한 사실들에 대응하는 언어적 측면이 명제들이다.

결국 개별자와 속성, 관계는 사실의 구성요소들이라는 이야기인데, 그렇다면 사실에 대응하는 명제들은 어떻게 이루어져 있을까? 러셀은 '사실은 명제에 의해 표현된다'고 생각했다. 명제는 참 또는 거짓으로 판단하거나 주장할 수 있는 언어의 단위인데, 어떤 것이 이러저러한 속성을 가지고 있다는 사실, 또는 어떤 것이 다른 것과 이러저러한 관계에 있다는 사실을 표현한다. 만약 그러한 표현이 사실에 부합하면 그 명제는 참이 되고, 부합하지 않으면 거짓이 된다.

예를 들어 '버락 오바마는 미국의 제45대 대통령이다'라는 명제의 경우 사실과 부합하기 때문에 참이 된다. 즉 이 명제는 '미국의 제45대 대통령'이라는 속성을 가지는 '버락 오바마'라는 개인에 대한 사실과 일대일 대응 관계에 있다. 반면 '밋 롬니는 미국의 제45대 대통령이다'라는 명제는 사실과 부합하지 않기 때문에 거짓이 된다. 공화당 대통령 후보였으나 대통령 선거에서 패배한 롬니는 미국 대통령이 되지 못했으며, 따라서 위 명제는 거짓이다.

러셀은 이런 식으로 우리가 살아가는 세계는 개별자가 속성이나 관계들과 엮인 무수히 많은 사실들로 이루어져 있다고 보았고, 그에 대응하는 언어는 그러한 사실들을 표현하는 명제들로 이루어져 있다고 보았다. 그런데 복잡한 전체를 단순한 것으로 분석하고 있던 러셀은 명제와 사실을 말하면서 가장 기본이 되는 단순한 단위의 명제와 사실을 일컬어 각각 '원자 명제'와 '원자 사실'이라고 불렀다.

간단하게 말해 원자 명제는 우리가 의미 있게 언어를 사용할 수 있는 최소 단위라고 할 수 있다. 내가 어떤 시각 경험을 한 뒤 "이것은 파랗다"라고 말하는 경우를 생각해 보자. 이때 '이것'이라는 표현은 나의 눈에 들어온 감각재료를 지칭하는 논리적 고유명이며, 그 자체로는 어떤 뜻도 지니지 않는다. '파랗다'라는 표현은 나의 눈에 들어온 감각재료의 속성을 지칭하는 술어이며, 특정 감각재료의 속성이기 때문에 그 감각재료와 독립적으로 존재할 때는 무엇을 뜻하는지 알 수 없다.

결국 '이것'이라는 논리적 고유명이 '파랗다'라는 술어와 결합해 '이것은 파랗다'라는 명제로 표현될 때 비로소 특정 사실을 나타내는 명제가 되는 것이다. 그리고 러셀은 바로 그러한 명제를 원자 명제라고 불렀다. 즉, 원자 명제는 고유명과 술어의 결합이다. 이러한 원자 명제들이 모여 분자 명제를 이룰 수 있는데, 이때는 '그리고' '또는' '만약 ~이면 ~이다'와 같은 논리적 결합사를 매개로 한다. 그래서 '이것은 파랗다'와 '저것은 빨갛다'는 두 원자 명제는 '그리고'라는 결합사를 매개로 '이것은 파랗(다, 그리)고 저것은 빨갛다'라는 분자 명제를 이룬다.

그러한 분자 명제는 두 개의 독립된 원자 사실을 표현하고 있는데, 러셀은 이때 분자 명제에 대응하는 분자 사실이 있는지에 대해서는 확신하지 못했다. 대신 분자 명제가 참인지 거짓인지를 판단하기 위해 그 구성요소인 원자 명제들 각각의 참, 거짓 여부에 따르면 될 것이라고 생각했다. 일상적으로 겪을 법한 상황, 즉 내가 아침식사로 빵을 먹고 우유를 마시는 사실을 예로 들어보자.

이 경우에 대한 적절한 표현은 "나는 아침에 빵을 먹고 우유를 마셨다"라는 분자 명제일 것이다. 이것이 분자 명제인 이유는 이 명제가 두 개의 원자 명제, 즉 '나는 아침에 빵을 먹었다'와 '나는 아침에 우유를 마셨다'가 '그리고'에 의해 결합되어 있기 때문이다. 이때 내가 아침에 한 행동은 '빵을 먹은 것'과 '우유를 마셨다'는 각각의 독립된 원자 사실들이며, 이러한 원자 사실들을 편의에 의해 분자 명제로 나타낼 수 있는 것이다.

그렇다면 나의 아침식사와 관련한 분자 명제가 참인지 거짓인지는 어떻게 판단할 수 있을까? 러셀은 이때 원자 명제의 레벨에서 판단할 수밖에 없다고 보았다. 그래서 각각의 원자 명제 '나는 아침에 빵을 먹었다'가 참인지 거짓인지를 판단하고, '나는 아침에 우유를 마셨다'가 참인지 거짓인지를 판단한 뒤, '그리고'라는 논리적 결합사에 의해 이루어진 분자 명제의 참, 거짓 여부를 최종 판단할 수 있다는 것이다.

만약 실제로 내가 아침에 빵도 먹고 우유도 먹었다면, 그리고 오직 그 경우에만 '나는 아침에 빵을 먹고 우유를 마셨다'는 분자 명제는 참이 될 것이다. 빵이나 우유 둘 중 하나를 먹거나 마시지 않았다면 나는 거짓말을 한 것이며, 둘 다 먹고 마시지 않았을 경우에도 거짓말이 된다. 이처럼 분자 명제의 참, 거짓 여부가 그 명제의 구성요소인 원자 명제들의 참, 거짓 여부에 따라 결정된다는 점에서 러셀은 이것을 '진리함수(truth-function)'라고 불렀다.

이러한 진리함수의 아이디어는 오늘날 교양 논리학 교재에 흔히 등장하는 진리표(truth table)에서 확인할 수 있다. 사실 러셀이 「논리적 원자론의 철학」에서 밝히고 있듯 이러한 생각은 그가 1912년부터 1년 반 동안 케임브리지 대학에서 가르쳤던 비트겐슈타인(Ludwig Wittgenstein)의 생각에서 영향을 받은 것으로 여겨진다.

당시 비트겐슈타인은 20대 초반의 학부생이었고 러셀의 강의를 오랜 기간 수강하지는 않았지만, 러셀이 자신의 후계자처럼 여길 정도의 애제자였다. 때로는 러셀의 이론이 지닌 난점을 지적해 러셀을 철학적 좌절에 빠지게 하는 등 스승 러셀을 능가하는 독창적 능력을 발휘하기도 했다. 실제로 논리적 원자론과 유사한 생각이 비트겐슈타인의 『논리-철학 논고』[12]에 나타나고 있으며, 그 책에서 진리함수의 아이디어도 좀 더 발전된 진리표의 형태로 제시되었다.

스스로 제자의 영향을 인정하고 있지만, 「논리적 원자론의 철학」의 내용은 전적으로 러셀 자신의 이론이다. 1914년 비트겐슈타인은 전쟁에 참전했고, 러셀은 논리적 원자론을 주제로 강연을 할 때까지도 그의 생사 여부를 알지 못했다. 비트겐슈타인이 『논리-철학 논고』에서 보여주는 것이 논리적 원자론으로 해석될 수 있는지의 여부는 오늘날까지도 학계의 논쟁거리로 남아있다.

형이상학적 전환: 중성적 일원론

러셀은 한 세기 동안의 역사를 몸소 체험할 만큼 장수했으며 80세가 넘은 나이에도 정열적으로 사회운동에 매진할 정도의 에너지를 지닌 인물이었다. 그가 학계와 강단에서 철학적 활동을 한 것은 그의 나이가 60대였던 1940년대 중반까지였고, 학문적으로 중요성과 의미를 지니는 성과를 낸 것은 1920년대 초까지였다. 그러니까 그의 철학적 전성기는 1920년 이전, 즉 논리적 원자론의 아이디어를 발전시킨 때까지라고 볼 수 있다.

물론 1920년대에도 새로운 이론적 결과물이 없었던 것은 아니다. 1921년에 출간한 『마음의 분석(Analysis of Mind)』이 있고,

1927년의 『물질의 분석(Analysis of Matter)』이 있다. 1940년에는 하버드 대학에서 있었던 윌리엄 제임스(William James) 강연의 텍스트를 『의미와 진리에의 탐구(Inquiry into Meaning and Truth)』로 엮어냈고, 1945년에는 러셀을 재정적 문제로부터 자유롭게 해줄 정도로 베스트셀러가 된 『서양철학사(A History of Western Philosophy)』를 출간했다.

그러나 이 모든 업적들은 러셀이 1910년대까지 남긴 것들과는 비교할 수 없을 정도로 독창성이나 중요도가 떨어진다는 평가를 받고 있다. 아무래도 1900년대 초 십여 년 간 남긴 업적이 워낙 굵직하고 철학사적으로도 중요한 것이어서 이후의 업적이 상대적으로 빈곤해 보이는 측면도 없지는 않다. 그럼에도 불구하고 1920년대 이후의 저작에서는 그 이전에 그가 추구했던 논리적 엄밀성과 체계성이 약화되었고, 「논리적 원자론의 철학」을 기점으로 물리적 세계에 대한 이해에도 변화를 보이기 시작했다. 이러한 점들 때문에 그러한 저작들이 후대 학자들에 의해 크게 주목받지 못했다고 볼 수 있다.

「논리적 원자론의 철학」 강연을 마친 러셀은 1918년 5월 신문 기고문이 문제가 되어 6개월 징역형을 받는다. 감옥에서 자신의 수학기초론을 쉽게 풀어 쓴 『수학철학의 기초(Introduction to Mathematical Philosophy)』 원고를 완성한다. 출감 후 그의 형이상학적 시각에 미묘한 변화가 일어나는데, 이는 미국의 철학자

윌리엄 제임스가 제시한 중성적 일원론(neutral monism)의 영향을 받기 시작한 것이며, 마침내 『마음의 분석』에서는 세계를 구성하는 원초적 재료가 중성적이라는 입장을 제시하기에 이른다.

이제 러셀은 우리의 경험 세계를 구성하는 재료가 마음도 아니고 물질도 아니라고 보게 되었다. 그가 처음 제임스의 중성적 일원론을 접했을 때는 매우 비판적이었는데, 당시 '우리의 마음이 (마음이 아닌) 물리적 감각재료를 직접 경험한다'는 러셀의 프레임에서는 중성적 일원론으로 직접지를 설명할 수 없었기 때문이다. 그러나 점차 시각이 변화하기 시작해 제임스의 아이디어 일부를 받아들이게 되었다.

러셀은 세계를 구성하는 재료가 마음이나 물질보다 더 원초적인 재료라고 하여 이를 '중성적 소재(neutral stuff)'라고 불렀다. 마음이든 물질이든 그보다 더 원초적인 중성적 소재들로 이루어져 있다는 것이다. 그렇다면 무엇이 마음과 물질을 구분할 수 있게 해주는 것일까? 러셀은 그것이 인과적 관계라고 보았다. 어떤 종류의 인과 법칙을 충족하는 현상은 심적인 것이고, 그와는 다른 종류의 인과 법칙을 충족하는 현상은 물리적인 것이다.

이를 조금 단순화해 설명하면, 마음과 물질은 서로 다른 두 종류의 규칙에 따라 중성적인 소재가 다른 방식으로 배열된 것이라는 이야기다. 이는 동일한 지점에 대해 상이한 주소 체계를 사용하는 것에 비유할 수 있다. 우리나라 구 주소 체계에 따르면, 내가 재직하고 있는 부산외국어대학교의 주소는 '부산광역시 금정구 남산동 857-1'이다. 하지만 새로운 주소 체계에 따르면, '부산광역시 금정구 금샘로 485번길 65'가 된다. 이 둘의 차이는 주소를 매기는 기준과 규칙이 다르다는 것뿐이다.

러셀은 마음이나 심적 현상과 관련된 개념들은 심리학의 영역에 속하고, 물질이나 물리적 현상과 관련된 개념들은 물리학의 영역에 속한다고 보았다. 그런데 이 두 부류의 개념들은 공동의 뿌리를 가진 것이어서 물리학과 심리학 모두 그 개념들에 대해 절대적인 권리를 주장할 수 없다고 한다. 마치 구 주소 체계와 새로운 주소 체계 중 어떤 주소가 더 옳은 것인지를 묻는 것이 무의미한 것과 마찬가지다. 국가 정책에 따라 새로운 체계로 바뀌었을 뿐 아주 오랜 세월 동안 구 주소로 우편물이 배달되었고, 행정 사무도 아무 문제없이 이루어졌다.

결국 물리학과 심리학은 각각이 다루는 재료에 의해 구별되는 것은 아니라는 생각이 중성적 일원론의 핵심이다. 물질과 마음 둘 다 물리적이지도 않고 심적이지도 않은 중성적 재료들로부터 만들어낸 논리적 구성물이라는 것이다. 결국 심적인 현상과 물리적 현상은 본질적으로 다르다고 말할 수 없게 되었다.

이러한 변화는 러셀이 확실한 지식의 대표적 사례로 여겼던 감각재료를 부정하게 만들었다. 우리가 직접 경험을 통해 감각재료와 같은 직접지를 갖는다는 것은 '경험하는 주체'와 '경험되는 대상'을 전제할 때 설명이 가능한 현상이다. 이전의 러셀은 주체가 심적인 작용을 통해 감각재료를 경험한다고 보았는데, 여기서 중성적 일원론을 받아들인다면 그런 구분이 무의미해진다. 심적인 작용과 물리적인 감각재료의 구분 자체가 모호해지기 때문이다.

마음과 물질을 각각 독립적인 실체로 본 이전의 이원론에서 중성적 일원론으로의 전환은 이전의 어휘 사용을 부적절한 것으로 만들었다. 그래서 세계를 구성하는 기본 단위로 과거에 사용하던 사실(fact) 대신 사건(event)이라는 개념을 사용하기 시작했으며, 새로운 관점에서 사건들의 언어로 물질이나 마음에 대한 분석이 가능하도록 관련 개념들을 다시 정의할 필요가 있었다. 그러나 러셀은 그러한 과정에서 발생하는 문제들을 해결하는 데 어려움을 토로했고, 그로 인해 궁극적으로 중성적 일원론으로의 형이상학적 전환 자체가 그리 성공적이지는 않은 것으로 평가되고 있다.

과학의 일부로서의 윤리학

앞서 언급했듯 러셀은 새로운 논리학의 방법을 철학의 문제에 적용해 20세기 영미철학에서 주도적인 흐름으로 발전한 분석적 패러다임을 제시했다. 그의 세계관은 다분히 과학적인 것이었으며, 따라서 철학자의 관점에서 자신이 발전시킨 논리적 방법으로 과학이 다루는 물리적 세계를 구성하려고 시도했다.

그와 더불어 러셀은 사회·정치적인 문제에 대해 많은 관심을 보였고, 행동하는 양심으로 사회운동에 적극적으로 참여했다. 또 확고한 개인적 신념을 바탕으로 책이나 신문 칼럼에 도덕과 관련된 문제에 대해 대중적인 글도 자주 쓰고 강연도 많이 했다. 도덕, 종교, 정치, 교육과 관련된 그의 견해는 많은 논쟁을 불러일으켰고, 이러한 논쟁은 일반 대중들이 러셀의 이름을 기억하게 된 주요인이었다.

그러나 막상 러셀 자신은 그러한 실천적인 주제들에 대한 자신의 논의가 엄밀한 의미에서 철학이라고 여기지 않았다. 그 주제들에 대해 많은 글을 남겼음에도 불구하고 아주 제한적인 경우를 제외하고 윤리학이나 사회철학, 정치철학이 전문적인 철학자로서 러셀의 주된 관심사는 아니었다. 철학이 논리적 분석과 관계된 학문이라고 생각했던 러셀은 윤리나 사회·정치 이론은 그것이 다루는 문장들이 논리적 분석과 관련된 경우에만 철학이라고 할 수 있다고 보았다.

이를테면 윤리학을 주제로 한 초기 저작인 「윤리학의 요소들(The Elements of Ethics)」[13]을 쓴 1910년 전후 시기에 러셀은 윤리학의 목표는 선한 행동과 악한 행동에 관한 참인 명제들을 발견하는 것이라고 생각했다. 이는 윤리학에서 다루는 가치의 문제가 마치 과학이 그러하듯 사람에 따라 주관적인 것이 아니라 객관성을 지닌 것이라는 러셀의 생각을 잘 보여준다.

물론 윤리학에 대한 러셀의 생각은 시간이 흐르면서 변화해 아예 과학과 구분해 지식의 영역에서 제외해야 한다는 입장에 이르게 된다. 초기의 러셀은 윤리학 역시 논리적이고 과학적인 분석이 가능한 영역으로 보고 객관적 진리의 차원에서 접근해 탐구를 진행했으나, 그러한 확실한 윤리적 명제에 도달하는 것이 불가능하다는 결론에 도달하면서 관점의 변화가 일어난 것으로 보인다.

「윤리학의 요소들(The Elements of Ethics)」은 러셀의 친구이자 동료 철학자 무어(George Edward Moore)의 윤리학 이론에 대한 코멘트 성격을 지닌다는 평가를 받고 있지만, 여전히 러셀 자신의 철학관이나 과학적 세계관이 여실히 드러나는 체계적인 저작이다. 그가 어려서 유클리드 기하학의 기초 공리들에 의문을 품은 이래 수학기초론을 연구하면서 수학의 전 체계를 논리학의 기초 명제들로 환원하려는 시도를 한 것과 같은 정신이 윤리에 대한 초기 저작에도 고스란히 스며있다.

러셀은 윤리학이 인간이 어떻게 행동해야 하는지를 다루는 실천적 학문이라는 전통적인 견해에 반대해, 과학이 끓는점이나 중력에 대한 참인 명제들을 다루듯 윤리학도 선한 행동과 악한 행동에 대한 참인 명제를 다루는 이론적 학문이며 과학의 일부라고 생각했다. 그리고 하나의 명제는 다른 명제들에 의해 증명될 수 있을 뿐이며, 증명은 어떤 것을 전제함으로써만 시작될 수 있는 것이기 때문에 윤리학에서도 모든 명제들이 증명될 수 있는 것은 아니라고 보았다.

이때 증명된 결과들은 전제들보다 더 확실성을 지니지는 않는다. 수학에서 증명이 필요 없이 확실히 참인 것이 '공리'이고, 그 공리들을 가지고 이끌어 낸 참인 명제들이 '정리'이다. 바꾸어 말해 정리는 공리를 통해 증명할 수 있는 명제다. 증명되었기에 확실하기는 하지만, 정리가 공리보다 더 확실하다고 말할 수는 없다.

마찬가지로 윤리학에 있어서도 러셀은 우리가 사용하는 명제들, 즉 '어떤 행동을 하는 것은 도덕적으로 옳다'와 같은 명제들이 왜 참이 되는지를 물어야 하며, 더 이상의 증명이 필요 없이 확실하게 참이 되는 윤리적 명제에 도달하기 위한 탐구를 계속해야 한다고 생각했다. 즉 너무나 자명해서 더 이상의 의문이 발생하지 않는 그러한 윤리적 명제에 도달해야 한다는 것이다.

이러한 생각은 가장 확실한 앎으로부터 지식의 체계를 구성해 나가려고 했던 러셀의 일관된 철학적 관점이 윤리학에도 그대로 적용되고 있음을 보여준다. 이와 같은 윤리학에 대한 기본 관점을 지닌 러셀은 선과 악의 개념이 우리의 의견과는 독립적으로 존재하는 대상들의 객관적인 속성이라고 보았다. 또 선과 악의 개념은 어떤 외부 요인에 의해 그렇게 되는 것이 아니라 그 자체로 선하거나 악한 것이라고 보았다.

이처럼 객관적이고 본래적인 선과 악은 과거의 여러 윤리 이론과 달리 정의가 불가능하다. 이를테면, 공리주의 윤리설에서는 선이 행복(쾌락)을 증진시키는 것이라고 정의하지만, 러셀은 선이 다른 개념으로 분석하거나 설명할 수 없는 정의 불가능한 단순 개념이며, 마치 색채가 사람들에게 알려지듯 그냥 직접적으로 알려진다고 보았다.

선과 악이 정의할 수 없는 개념으로 사람들에게 직접적으로 알려지며, 각 사람의 의견에 따라 달라지지 않는 객관적인 개념이고, 그 자체로 선하거나 악한 것이라고 할 때 선과 악에 대해서는 어떠한 시비도 일어나지 않을 것 같다. 러셀도 그러한 입장이다. 그러나 실제로는 윤리적 문제가 일어나고 시시비비가 일어나게 되는데, 그 이유는 선과 악 자체의 문제가 아니라 어떤 행동의 옳음(rightness)과 그름(wrongness)에 대한 의견 차이 때문이라고 한다. 즉 선과 악 자체는 객관적인 반면, 그와 관련된 행동에서는 의견의 차이가 있을 수 있다는 것이다.

러셀은 옳은 행동과 그른 행동을 판단하는 기준을 제시하고 있는데, 그것은 어떤 행동이 가져오는 결과가 좋은가 나쁜가를 보는 것이다. 예를 들어 대다수의 사람들이 '불우 이웃을 돕는 것은 옳은 일이다'라는 명제에 동의할 것이다. 그러나 어떤 방법으로 도울 것인지와 관련해서는 사람마다 의견이 다를 수 있다. 이때 옳은 행동은 그렇게 도왔을 때 가장 좋은 결과를 가져오는 방법을 사용하는 것이다.

위에서 러셀이 선의 개념을 공리주의자들이 정의하듯 행복을 증진시키는 것으로 정의할 수 없다고 했다. 그런데 막상 옳은 행동과 옳지 않은 행동의 기준을 말할 때는 행동의 결과를 강조하는 공리주의와 유사한 주장을 하고 있다. 사실 선을 정의 불가능한 단순 개념으로 본 것이나 객관적 속성이며 직관에 의해서 파악할 수 있다고 한 점, 그리고 행동의 결과를 중시한 일련의 생각들은 1903년에 출간된 무어의 『윤리학 원리(Principia Ethica)』[14]의 영향을 받은 것으로 여겨진다.

하지만 이러한 생각들은 곧 난관에 부딪힌다. 도덕적 선과 악이 과학에서 다루는 개념들과 같은 의미에서 객관적 개념이라는 러셀의 주장은 입증하기 어려운 주장이다. 물론 러셀은 윤리학이 과학의 일부라 생각하고 윤리적 개념의 객관성을 주장했지만, 선과 악에 대해 우리가 통상 원이나 사각형에 부여하는 의미의 객관성을 부여하는 데는 어려움이 따른다. 결국 시간이 흐르면서 윤리학에 대한 러셀의 생각에도 변화가 보이기 시작한다.

지식의 영역 밖에 있는 윤리

　사람마다 선과 악에 대한 판단이 다를 수 있다는 생각, 즉 윤리학이 과학과 같은 객관적인 학문이 아니라 어느 정도 주관적일 수밖에 없다는 생각은 1910년대 중반부터 러셀의 저작에 간간이 등장하기 시작한다. '철학의 유일한 방법은 논리적 분석'이라는 생각과 과학적 세계관으로 무장하고 있던 러셀은 처음에는 윤리학이 과학의 일부라고 생각했지만, 그럴 때 발생하는 문제들의 해결이 난망하다는 판단을 하게 된 것이다.

　선과 악 개념이 사람들의 의견과는 상관없이 그 자체로 객관적인 성질을 지닌다는 생각과 양립하기 어려운 새로운 주장은 1910년대 중반에 나온 일련의 저작들에서부터 나타나기 시작한다. 「철학에서의 과학적 방법에 관하여(On Scientific Method in Philosophy)」[15]라는 글과 『왜 사람들은 싸우는가?(The Principles of Social Reconstruction)』[16]에서 러셀은 윤리적 개념이 인간의 욕구에 기초한다는 파격적인 주장을 한다.

충동과 욕구라는 두 원천에서 인간의 모든 활동이 나오며,[17] 선과 악은 사람들이 지닌 감정이나 집단적 이익과 관련된 것이라서 러셀은 윤리학이 아무리 정교화 된다 해도 다소간 주관적인 것일 수밖에 없다고 말하기에 이른다.[18] 이처럼 윤리학에 대한 관점의 변화를 감지할 수 있는 언급들이 이후 간헐적으로 나타나다가 『철학의 윤곽(An Outline of Philosophy)』[19]에서 러셀은 선과 악의 개념이 정의 불가능한 객관적 성질을 지녔다는 무어의 이론을 버렸으며, 대신 선과 악은 욕구로부터 생겨난다는 생각을 다시 확인할 수 있게 해준다.

선과 악이 욕구에서 생겨난다면 사람마다 다른 욕구를 가질 것이기 때문에 선과 악이 객관성을 지닌다고 말할 수 없다. 또 선한 행동에 대한 참인 명제와 거짓인 명제를 이야기할 수도 없게 된다. 따라서 이제 윤리학은 객관적 사실을 다루는 학문이 아니며, 과학과는 다른 종류의 탐구가 된다.

그런데 이러한 변화는 매우 중요한 의미를 지닌다. 그 이유는 러셀이 윤리학에 대한 관점은 바꾸었을지 모르나 과학적 세계관 자체는 결코 바꾸지 않았기 때문인데, 과학적 세계관으로 철학을 조명하고자 하는 태도를 일관적으로 유지하다 보니 과학이 아닌 윤리학은 단지 과학과 다른 학문이 아니라 아예 지식의 영역 밖에 있는 것으로 보게 된 것이다. 이러한 러셀의 생각은 그의 저서 『종교와 과학(Religion and Science)』[20]에 잘 나타나 있다.

종교와 과학의 문제를 다룬 이 책의 마지막 장에서 러셀은 과학과 윤리학에 대해 논의한다. 여기서 러셀은 선과 악의 개념은 욕구에서 나왔다는 주장을 다시 한 번 반복한다. 우리가 욕구하는 것이 선이고, 우리가 두려워하는 것이 악이라는 것이다. 문제는 사람마다 욕구가 달라서 이 다른 욕구들이 종종 충돌하기 때문에 발생한다. 여기서 러셀은 그렇게 충돌하는 욕구들 간의 갈등이 해소되어야 한다는 점에서 윤리학이 정치학과 밀접하게 관련되어 있다고 한다.

즉, 윤리학은 어떤 집단의 전체적 욕구가 개인에게도 영향을 미치도록 만들려는 시도이거나 아니면 반대로 한 개인이 그의 욕구를 그가 속한 집단 전체의 욕구가 되도록 하려는 시도라는 것이다. 이때 후자의 경우는 개인의 욕구가 집단의 이익과 명백히 반대되는 것이 아닐 때만 가능하다. 강도의 경우 자신이 하는 일이 사람들에게 좋은 일이라고 설득하려고 하지는 않겠지만, 철학자의 경우 자신의 욕구를 표현할 뿐 아니라 인류 전체의 복지를 향상시키는 방향을 제시할 것이다.[21]

이러한 관점에서 윤리학은 우리가 갖는 욕구들에 대해 보편적 중요성을 부여하려는 시도다. 이는 선이나 악과 같은 윤리적 개념이 사람 각각의 주관과는 상관없이 그 자체로 객관성과 보편성을 지닌다고 본 이전의 견해와 완전히 다른 것이다. 과거의 러셀에게 '불우이웃을 돕는 것은 선하다'라는 윤리적 명제는 '물은 100°C에서 끓는다'는 과학적 명제에 비견될 정도로 객관적으로 참인 것이었다. 내가 너무 배가 고픈 나머지 라면을 빨리 끓이고 싶은 욕구로 물이 섭씨 70도에서 끓기를 아무리 간절히 바란다 해도 물의 온도가 100도에 이를 때까지 기다려야 라면을 끓일 수 있듯 불우이웃을 돕는 것 자체의 선함 역시 부정할 수 없다는 것이 이전의 생각이었다.

그러나 이제는 생각이 달라져서 '불우이웃을 돕는 것은 선하다'라는 문장이 의미하는 바는 '나는 모든 사람이 불우이웃을 돕는 것을 욕구하기 바란다'가 된다. 이것은 객관적 사실에 대한 진술이 아니며, 따라서 참 또는 거짓으로 판단할 수 있는 명제가 아니다. 왜냐하면 이 문장은 불우이웃을 돕는 것에 관한 '나의 욕구'가 '다른 모든 사람들의 욕구'이기를 바라는 나의 심리적 상태를 나타내고 있을 뿐이기 때문이다.

'물은 100°C에서 끓는다' 또는 '물의 끓는점은 100°C이다'와 같이 우리가 참, 거짓의 여부를 가려낼 수 있는 명제를 우리는 '과학적 지식'이라고 부른다. 그런데 '불우이웃을 돕는 것은 선하다'의 경우 객관적으로 참, 거짓 여부를 가려낼 수 없기 때문에 과학적 지식이 아니다. 러셀은 이제 그러한 문장들을 다루는 윤리학은 지식의 영역 밖에 있다고 생각한다. 즉, 윤리적 가치에 관한 문장들을 진정한 의미에서 지식이라 할 수 없다는 것이다. 과학에 대해 무한한 신뢰를 보냈던 그는 '과학과 윤리학' 챕터의 마지막 단락을 다음과 같이 끝맺고 있다.

나는 과학이 가치의 문제를 해결하지 못한다는 것은 맞지만, 그것이 가치의 문제가 지적으로 해결될 수 없기 때문인 것은 아니며, 참과 거짓의 영역 밖에 놓여 있기 때문이라고 결론 내린다. 우리가 얻을 수 있는 어떠한 지식도 과학적 방법으로 얻어져야 하며, 과학이 발견할 수 없는 것은 인류가 알 수 없는 것이다.[22]

초기에는 윤리학이 과학처럼 객관적인 지식을 제공하는 학문이라고 생각했다가 이제 윤리학은 과학과 다르며 지식을 제공하지도 않는다고 생각을 바꾼 러셀은 윤리학이 주관적인 학문이라고 보게 된 것이다. 이러한 러셀의 생각과 유사하게 1930년대 영미철학에서는 '윤리적 판단은 한 사람의 정서를 나타내는 것에 지나지 않는다'는 윤리 이론이 등장했다. '정서주의'라 불리는 이 이론에 따르면, '도둑질은 나쁜 것이다'라는 윤리적 문장은 도둑질에 반대하는 정서를 표출하는 감탄사와 같은 것이며, '불우이웃을 돕는 것은 선한 것이다'라는 문장은 그에 찬성하는 정서를 표출하는 감탄사와 같다고 한다.

이러한 유사성 때문에 러셀을 정서주의 윤리 이론의 선구자로 보는 견해도 있는데, 막상 러셀 자신은 윤리적 판단이 주관적이라는 생각, 그래서 윤리학은 지식과는 무관한 주관적 영역에 놓인다는 생각에 그리 만족스러워하지는 않은 것 같다. 물론 이후에도 윤리적 판단이 욕구에서 출발한다는 생각은 대체로 유지했지만, 제2차 세계대전 이후에는 다시 윤리적 판단이 반드시 주관적인 것만은 아니라는 견해를 제시하게 된다.

1954년의 저서 『윤리와 정치에서의 인간사회(Human Society in Ethics and Politics)』[23]에서 러셀은 윤리학이 감정과 정서에 기초한다는 생각은 유지하는 한편, 윤리학에 다시 객관성을 부여하려는 시도를 하고 있다. 그래서 과학은 지각을 통해 얻은 사실에 대한 진술인 반면, 윤리학은 사실에 대한 진술이 아니며 종종 바람이나 두려움, 욕구나 혐오, 사랑이나 증오에 대한 진술이 명령문이나 기원문의 형태로 포장되어 나타난다고 비교하면서 여전히 윤리학은 과학과 다르다고 말한다. 이렇게 차이점을 분명히 하면서도 윤리적 지식과 같은 것이 있는지에 대해서는 『종교와 과학』에서 보였던 단호한 부정이 아니라 유보적 태도를 취한다.

'살생하지 말라'는 명령이다. 그러나 '살인은 사악한 것이다'는 (사실에 대한) 서술인 듯하며, 참 또는 거짓인 어떤 것을 진술하는 듯하다. "모든 사람이 행복하길"은 기원이다. 그러나 '행복은 좋은 것이다'는 '소크라테스는 죽는다'와 동일한 문법적 형태를 지닌다. 이러한 문법적 형태가 잘못 이해하게 만드는 것일까, 아니면 윤리학에도 과학처럼 참과 거짓이 있는 것일까?[24)]

위 인용문에서 보듯 러셀은 윤리적 판단의 성격에 대해 뭔가 망설이고 있다. 1920년대와 1930년대를 거치면서 러셀의 입장은 윤리적 판단은 참, 거짓의 문제가 아니며 윤리적 지식은 있을 수 없다는 것이었다. '살생하지 말라'는 물론이고 '살인은 사악한 것이다' 역시 그러한 욕구를 받아들이는 사람이 많다는 데서 윤리적으로 의미가 있는 문장인 것이지, 그것이 객관적으로 참이라든가 사실에 대한 진술인 것은 아니라는 입장이었다.

그런데 이제 와서 다시 '살인은 사악한 것이다'라는 문장은 사실에 대한 서술인 것처럼 보인다고 말하고 있다. 만약 그것이 사실에 대한 서술이라면, 참 또는 거짓이 분명한 명제라는 것이며 객관성을 부여할 수 있는 윤리적 판단이 있다는 주장을 하는 것이 된다. 실제로 러셀은 다시 윤리학에서 기초 명제들과 정의들을 제시하려고 시도하지만, 그에 대한 확정적인 결론을 내리지는 않은 채 유보적인 입장을 보였다.

그렇다면 윤리학은 과학처럼 객관적인 학문이라고 주장하다가 객관성 확보가 어렵다는 난관에 봉착한 뒤 윤리학은 주관적인 학문이라고 입장을 바꾸었던 러셀이 왜 다시 모든 윤리적 판단이 주관적인 것은 아니라고 하면서 중도적 입장으로 선회한 것일까? 러셀이 명시적으로 밝히고 있지 않기 때문에 그러한 변화의 이유를 정확히 알 수는 없다. 그러나 그가 들고 있는 분석의 예를 통해 짐작은 할 수 있을 것이다.

러셀은 윤리적 판단이 욕구에서 나온다고 했고, 욕구는 주관적인 것이기 때문에 윤리적 판단도 주관적이라고 생각했다. '물은 100°C에서 끓는다'라는 과학적 진술은 결코 주관적일 수 없고 객관성이 보장되기 때문에 과학적 지식으로 받아들여지는 것이고, 윤리적 판단은 객관성을 보장할 수 없기 때문에 지식의 영역 밖에 있다고 한 것이다.

그러한 러셀의 주장이 설득력 있게 다수에게 받아들여지려면 모든 윤리적 판단이 주관적이어야 한다. 그런데 윤리적 판단은 객관적이라는 주장에 대한 반론에 대해 적절히 대응하기가 쉽지 않았듯, 이번에는 윤리학이 주관적이라는 주장에 대해서도 주관적이지 않은 것으로 보이는 윤리적 판단의 사례들을 통해 반론이 제기될 수 있고, 아마도 러셀은 그러한 반론에 적절히 대응하기가 어렵다고 판단했을 것이다.

특히 이러한 변화가 나타난 시기가 제2차 세계대전 직후라는 점은 시사하는 바가 크다. 나치가 저지른 홀로코스트와 같은 종족 살해, 그리고 일본에 대한 미국의 원자폭탄 공격으로 무고한 많은 생명의 희생 등을 목격하면서 모든 윤리적 판단이 주관적이라는 러셀의 생각이 흔들렸을 것이라고 추측해 볼 수 있다. 윤리학이 욕구에 기초한다는 점에서 과학과는 분명히 다르겠지만, 종족 살해가 악이라는 것은 누구나 받아들일 수 있는 판단이기에 그러한 판단마저도 참, 거짓과 무관한 영역에 있다고 말하기는 어렵다고 할 수 있을 것이다. 실제로 러셀은 그런 예를 들고 있다.

만약 나는 굴이 좋다고 하고 당신은 굴이 싫다고 한다면, 우리는 둘 다 단지 개인적 취향을 표현하고 있을 뿐임을 이해할 것이며, 그것을 가지고 싸우지는 않을 것이다. 그러나 나치는 유대인을 고문하는 것이 선하다 말하고, 우리는 그것이 나쁘다고 말할 때, 우리는 우리가 그저 취향의 차이를 표현하고 있을 뿐인 것처럼 느끼지는 않는다. 우리는 우리의 의견을 위해 기꺼이 싸우거나 목숨을 내놓으려고까지 하겠지만, 굴에 대한 우리의 관점을 강요하려고 그런 행동을 하지는 않을 것이다.[25]

나치의 반인륜적 만행이 결국 모든 윤리적 판단은 주관적이라는 러셀의 생각을 바꾸는 데 어느 정도 영향을 준 것 같다. 그러나 윤리적 지식을 확보하려는 그의 시도가 그리 성공적이었던 것 같지는 않다. 형이상학에서도 마지막 주요 이론이었던 중성적 일원론의 입장을 후에 상당 부분 포기했듯 우리의 변덕스런 노신사는 말년에 윤리학에서도 윤리학의 객관성에 대한 확신을 포기했다.

이성적 시각에서 본 종교

종교철학 분야에서 러셀이 영향력 있는 이론적 업적을 남긴 것은 아니지만, 종교는 그가 전 생애를 통해 꾸준하게 다루었던 주제임에는 틀림없다. 그는 열다섯 살까지 할머니를 따라 교회를 다니면서 신앙심을 지녔지만, 청소년기에 접어들면서 3년에 걸친 철학적 고뇌를 통해 종교에 대한 믿음을 잃게 되었다고 자서전에 적었다. 일반적 기준에서 중고등학교를 다닐 시기에 무슨 깊이 있는 철학적 고뇌가 있었을까 반문하게 되지만, 자서전을 비롯한 여러 회고 글들을 볼 때 결코 그러한 표현이 과장이 아님을 알 수 있다.

러셀은 열한 살의 나이에 형으로부터 유클리드 기하학을 배우고 기초 공리들의 확실성에 의문을 제기했으며, 이후 수학이라는 학문에 빠져든 전력이 있다. 이제 열여섯 살의 러셀은 일찍이 기하학의 공리에 대해 지녔던 의문을 종교와 관련된 기본 전제들로 확대하고 있다. 그는 종교와 관련된 자신의 고뇌를 남들이 보지 못하도록 그리스어 알파벳을 이용해 비밀 일기에 적기 시작했다. 그리하여 열여섯 살에는 자유의지를 믿지 않게 되었고, 이어 영혼불멸도 믿지 않더니 열여덟 살에 이르러 마침내 신에 대한 믿음을 포기하기에 이른다.

러셀이 종교에 대한 믿음을 포기하는 과정의 이면에는 그가 유클리드의 공리에 대해 가졌던 의문과 동일한 논리가 적용되었다. 이후에도 그랬지만 러셀은 이성적으로 확실성을 지니지 않는 것은 어떤 것도 받아들이려 하지 않았는데, 신의 존재와 같은 경우 이성적으로 확인 가능한 근거를 찾을 수 없다고 결론 내린 것이다.

흥미로운 것은 어린 러셀이 기하학의 공리를 의심했으나 그로부터 20여 년이 흐른 뒤 의심의 여지가 없는 확실한 토대 위에 수학의 기초를 세우려 했던 것과 마찬가지로 청소년기에 품었던 종교에 대한 성찰은 신앙을 포기한 이후에도 그의 삶에서 반복해서 거론되었고, 그가 늘 고민했던 주제 중 하나였다는 것이다.

앞서 언급한 『종교와 과학』은 물론이고 1903년에 발표한

「자유인의 신앙(A Free Man's Worship)」[26]과 같은 초기작 그리고 종교와 관련된 강연과 글을 모아 1950년대에 출간한 『나는 왜 기독교인이 아닌가?(Why I Am Not a Christian and Other Essays on Religion and Related Subjects)』[27]라는 책은 그가 종교에 대해 남긴 글의 아주 적은 부분에 지나지 않는다. 러셀의 딸 캐서린(Katharine Tait)은 자신의 아버지가 기질적으로 매우 종교적인 인물이어서 만약 중세 시대였다면 성인이 되었을지 모를 정도로 정열적인 도덕가였다고 술회했다.[28]

어려서 종교에 대한 믿음을 버리고, 또 자신이 기독교인이 아님을 만천하에 공개했으며, 신학자들과의 논쟁에서 공공연히 반종교적 입장을 취했던 러셀이 오히려 매우 종교적인 인물이었다는 딸의 이러한 증언을 우리는 어떻게 이해해야 할까? 이제부터 살펴보도록 하자.

청소년기의 러셀이 자유의지에 대한 믿음을 가장 먼저 포기한 이유는 우리가 살고 있는 세계가 수학적 질서에 따른다는 그의 생각이 이미 그때부터 시작되었기 때문이다. 해와 달 등 천체의 움직임, 계절의 변화 등 세상에서 일어나는 모든 일은 우리가 충분한 능력을 확보하기만 한다면 수학적으로 계산이 가능하다고 본 것이다.

지구상에서 일어나는 물질의 운동도 마찬가지다. 역학 법칙에 따르는 운동들 역시 완벽하게 기계적으로 설명이 가능하다.

따라서 어떤 일의 결과를 수학적으로 계산할 수 있다는 관점에서는 자유의지가 끼어들 여지가 없다고 본 것이다. 그러나 당시의 러셀은 모든 것이 물질로 이루어져 있다는 물리주의는 받아들일 수 없었는데, 우리가 가진 의식은 물질이라고 볼 수 없었기 때문이다.

이때까지만 해도 러셀은 신에 대한 믿음을 유지하고 있었다. 그런데 열여덟 살이 되던 해에 자신의 대부였던 존 스튜어트 밀의 자서전을 읽다가 얻은 깨달음에 대해 러셀은 다음과 같이 기록했다.

"나의 아버지는 '누가 나를 만들었나?'라는 물음은 그러한 물음이 '누가 신을 만들었나?'라는 물음으로 이어지기 때문에 답할 수 없는 물음이라고 가르치셨다." 내가 밀의 『자서전』에서 이 문장을 읽은 순간, 제1 원인 논증은 오류라는 결론을 내렸다.[29]

철학사에서 오래 전부터 내려오는 신의 존재에 관한 증명들이 여럿 있는데, 위에서 러셀이 언급하고 있는 증명이 바로 '우주론적 논증'이라고도 불리는 '제1 원인으로부터의 논증'이라는 것이다. 중세철학자들은 특히 신의 존재를 이성적으로 증명하는 데 힘썼는데, 러셀은 열여덟 살에 '제1 원인으로부터의 논증'의 결함을 발견한 것이다. 그리고 신 존재 증명에 논리적 오류가 있으므로 신에 대한 믿음을 포기하기에 충분하다는 결론에 도달한 것이다.

러셀은 이 논증의 오류에 대해 1927년에 발표한 「나는 왜 기독교인이 아닌가?」[30]에서 자세히 다루고 있다. '제1원인으로부터의 논증'의 요지는 세상 모든 것에는 원인이 있고, 그 원인은 그것을 가능하게 해준 또 다른 원인을 가질 것이며, 이렇게 원인들의 사슬을 거슬러 올라가면 최초의 원인에 도달하는데, 그 최초의 원인이 바로 신이라는 것이다.

여기서 문제는 최초의 원인이라고 여기는 신에 대해서는 왜 그 원인을 물을 수 없는가 하는 점이다. 모든 것에 원인이 있으므로 논리적으로 당연히 신의 원인을 물을 수 있지만, 그에 대해 답할 수 없다는 것이 바로 이 논증의 오류라는 것이다. 물론 '제1원인으로부터의 논증'이 오류를 범하고 있다고 해서 모든 종류의 신 존재 증명이 잘못되었다고 보기는 어렵기 때문에 러셀은 이어 주요 신의 존재 증명들이 잘못되었음을 차례로 보이고 있다.

이처럼 이성적으로 신의 존재를 확보하려는 중세 이후의 시도들이 러셀에게는 합리적인 근거를 제시하지 못했다. 게다가 이 글에서 러셀은 기독교가 역사적으로 사람들에게 적지 않은 박해를 가해왔으며, 기독교를 믿지 않는 사람들에 대해 죄악시하고, 성서에서 보복과 처벌을 공공연하게 언급하는 점 등을 들어 기독교는 불교보다 제도적으로 더 나은 종교라고 할 수 없으며, 구세주로서의 그리스도 역시 부처나 소크라테스보다 더 지혜롭거나 위대한 인간이라고 볼 수 없다고 주장했다.

기독교에 대한 이러한 러셀의 시각은 당시 기독교계로부터 적지 않은 반발을 불러 일으켰으며, 1940년 미국 뉴욕시립대학 임용 취소 사건에 직접적으로 영향을 미쳤다. 1916년 케임브리지 대학에서 해고된 이후 1920년대 초 중국 베이징 대학에서 초빙교수직을 잠시 수행한 적은 있으나, 오랜 기간 대학의 강단을 떠나 대중적으로 인기 있는 자유기고가, 강연가로 살았던 러셀은 시카고 대학에서 철학교수직 제의를 받고 1938년 미국으로 건너갔다. 1939년에는 UCLA에서 가르쳤지만 로스앤젤레스의 일부 시민들은 종교도 없는 러셀 같은 사람에게 봉급을 주기 위해 세금을 내는 것에 불만을 표출하기도 했고, 급기야 1940년에는 기독교계의 반발로 재판 끝에 뉴욕시립대학 교수 임용이 취소되기에 이르렀다.

당시 러셀의 교수 임용에 적극적으로 반대한 사람은 뉴욕시 영국 국교파 교회 윌리엄 매닝(William T. Manning) 주교였다. 그는 무신론자일 뿐만 아니라 간통은 허용되어야 한다는 등 결혼과 성 도덕에 문제가 있는 러셀이 뉴욕 시민의 세금으로 급여를 받는 시립대학 교수직에 임용되어서는 안 된다고 주장했다. 러셀은 그러한 상황을 전형적인 미국식 마녀 사냥이라고 비난했고, 만약 자신이 당시 강연 등을 위해 공공장소에 나타나기라

도 했다면 경찰의 묵인 하에 가톨릭을 믿는 폭도들에게 맞아죽
었을지도 모른다고 『자서전(Autobiography)』에서 술회했다.[31]

이처럼 러셀이 기독교에 대해 신성모독적인 발언을 일삼고
제도화된 기독교에 반대한 것은 사실이지만, 매닝 주교가 말한
것처럼 그를 무신론자라고 비난한 것이나 반기독교주의자로
매도하는 것은 엄밀하게 말해 철학적으로 정당한 평가라고 할
수 없다. 앞에서 신 존재 증명의 오류를 지적한 것으로 보아 러
셀이 신의 존재를 부정한 것처럼 보이지만, 러셀은 자신은 무신
론자가 아니라 불가지론자(agnostic)라고 말한다.

'불가지론'이란 종교와 관련해 신이나 사후 세계의 존재 여
부를 확실하게 알 수 없다는 입장을 뜻한다. 즉 신의 존재 여부
와 관련해 어떤 것이 참인지 우리가 알 수 없다는 입장이다. 러
셀은 어떤 것에 대해 안다고 말할 수 있으려면 반드시 그것이
이성적으로 뒷받침되는 근거를 지녀야 한다는 입장을 견지했
다. 이는 이성적으로 뒷받침 될 수 없는 것이 거짓이라는 주장
과 다르다. 이는 그저 이성적으로 뒷받침 될 수 없는 것은 진리
의 영역으로의 출입을 허용해서는 안 된다는 뜻이다.

신 존재 증명은 신의 존재와 관련한 이성적 근거가 될 수 있
을 것이다. 그러나 그러한 근거가 오류에 기초한다는 것을 증명
했다고 생각한 러셀은 '신이 존재한다'는 주장이 참이라는 사
실을 받아들일 수 없었던 것이다. 그러나 마찬가지 논리에 의해

'신이 존재한다'는 주장이 거짓이라는 것 역시 입증되지 않았기 때문에 그것이 거짓이라는 사실도 받아들일 수 없었다. 따라서 러셀의 최종 입장은 '신이 존재하는지의 여부를 알 수 없다'인 것이며, 이는 무신론이라고 단정지을 수 없다.

이처럼 불가지론은 유신론도 아니고 무신론도 아니기는 하지만, 그럼에도 불구하고 러셀은 불가지론이 유신론보다는 무신론에 더 가깝다는 견해를 굳이 숨기지는 않았다. 그는 지금까지 우리의 이성에 허용된 능력을 바탕으로 판단할 때 신의 존재가 있을 법하지 않다고 보았다. 그래서 "만약 죽은 뒤에 신이 존재한다는 것을 알게 되면 어떻게 하겠냐?"는 물음에 대해 러셀은 "신이 자신의 존재에 대한 충분한 증거를 제공하지 않은 것에 대해 비난하겠다"고 답했다.

그렇다면 신의 존재에 대한 증거가 매우 빈약하다 하더라도 만약 신이 존재한다면 신을 믿는 데서 오는 이득이 그렇지 않는 데서 오는 손실보다 훨씬 크기에 믿어야 한다는 파스칼의 유명한 변신론(辯神論)에 대해서는 어떤가? 이에 대해 러셀은 만약 신이 존재한다면 신은 온갖 두뇌를 이용하고도 신의 존재에 대한 증거가 불충분하다고 결론내린 사람을 지지할 것이라고 응수했다.[32]

기하학의 공리든, 도덕적 규칙이든, 신의 존재에 대한 믿음이든 러셀이 그것을 의미 있는 지식으로 받아들이기 위해 한결 같이 적용했던 기준은 바로 '이성적으로 정당화 될 수 있는 것인가'였다. 그래서 신과 관련한 러셀의 입장은 신의 존재를 부정했다기보다 존재를 확인할 이성적 근거가 없다는 점을 강조한 것으로 볼 수 있다. 마찬가지 이유에서 러셀은 기독교 자체를 반대한 것이 아니라 이성적 건전함을 넘어선 도그마(dogma)에 사로잡힌 기독교에 반대한 것이다.

러셀은 역사적으로 교회에 의해 제도화된 기독교는 도그마에 사로잡혀 수많은 해악을 끼쳤다고 주장한다. 그런데 사람들에게 중요한 종교의 진정한 의미는 사회적으로 제도화된 교회가 아니라 개인적 차원의 신앙이어야 한다는 것이다. 러셀은 종교가 지니는 가장 중요한 성격은 무한성이라고 보았다. 인간에게는 유한성과 무한성이라는 두 본성이 서로 갈등관계에서 존재하는데, 유한성은 동물적이고 자기중심적인 특징을 지니는데 반해 무한성은 보편적이고 공평한 특징을 지닌다.

사람은 이렇게 두 본성 사이의 갈등에서 벗어나야 하는데 과거에는 도그마적 믿음을 통해 그렇게 할 수 있었고, 그것이 바로 종교의 역할이었다고 한다. 그러나 오늘날 우리는 그런 도그마적 믿음 없이 자기중심적인 생각을 버림으로써 무한성의 본성을 충족시킬 수 있다고 한다. 즉 러셀은 자기를 포기함으로써 무한성에 이르는 새로운 삶을 시작할 수 있다고 보았다.[33]

자기를 포기할 때 러셀은 기독교가 가장 중요하게 여기는 사랑과 복종, 믿음을 모두 얻을 수 있다고 한다. 이러한 기독교의 중요 덕목은 제도화되고 도그마화된 교회가 아니라 개인적인 차원에서 얻을 수 있다고 보았기에 러셀은 제도화된 종교를 반대하고 개인적 차원의 종교를 역설한 것이다.

개인적 신앙의 중요성을 과소평가할 수는 없지만, 오늘날 제도로부터 벗어난 종교를 말하는 것이 현실성은 떨어진다는 점에서 러셀의 종교관은 다소 이상적인 것으로 보인다. 하지만 결국 개인적 차원의 종교에서 그가 말하고 있는 것이 기독교의 중요한 덕목이라는 점을 보면 "러셀은 중세 시대의 성인에 비견할 만큼 종교적 심성을 지닌 인물이었다"는 그의 딸의 증언이 결코 틀린 말이라고 볼 수는 없을 것이다.

반전, 반핵, 평화운동가 러셀

러셀은 긴 생애를 통해 네 번의 결혼을 한 것으로도 유명하다. 현실 정치와 사회 문제에 대해 러셀이 관심을 갖게 된 것은 근본적으로 대대로 내려온 가문의 내력과 관계가 있지만, 러셀의 첫 저서가 수학이나 논리학에 관한 것이 아니라 『독일 사회민주주의』라는 정치 관련 서적인 것은 그의 첫사랑이자 첫 번째 부인이었던 앨리스(Alys Pearsall Smith)의 영향 때문이기도 하다. 일찍 세상을 떠난 부모를 대신해 러셀을 키운 러셀의 할머니는 앨리스와의 결혼을 결사반대했고 결국 결혼식에도 참석하지 않았는데, 반대 이유는 미국 출생의 앨리스가 귀족 출신이 아니었기 때문이다.

『독일 사회민주주의』는 러셀이 앨리스와 베를린에 머물면서 독일의 사회주의 정치체제를 연구한 결과물인데, 그 직접적 계기는 여성 참정권에 관심이 많았던 앨리스가 여성 참정권이 얻어지는 것은 사회주의 체제에서나 가능할 것이라고 생각하면서 독일의 제도를 연구하고 싶어 했기 때문이다. 이 책 출간 후 러셀은 정치적 스펙트럼에서 좌파로 자리매김하게 되었는데, 명문가 귀족 출신인 그에게는 현실적으로 그리 어울리지는 않는 위치였다.

그 무렵 영국의 초기 노동당 중 하나였던 독립노동당(ILP)에 가입한 러셀은 평생 사회주의에 관심을 기울였고, 1965년 영국의 집권 노동당이 미국의 베트남전 참전을 지지하는 데 격분해 당원증을 찢어버릴 때까지 공식적으로 노동당원이었다. 귀족임에도 불구하고 재산의 세습을 정당한 것으로 보지 않았고, 여성참정권을 보장하는 보통선거가 이루어져야 한다는 신념을 지니고 있었지만, 노동자들과의 연대감은 없었고 이슈에 따라서는 엘리트주의적인 면도 동시에 갖고 있었다.

특히 『독일 사회민주주의』에서부터 러셀은 마르크스주의를 비판했다. 그는 마르크스주의는 인상적인 지적 구성물이지만, 행동에 대한 올바른 지침은 되지 못한다고 보았다. 그는 마르크스의 노동가치론은 틀렸으며, 그의 예언도 전부 맞지 않았다고 보았다. 러셀은 마르크스주의를 계급투쟁에 대한 거대한 종교·신화적 서사로 여겼으며, 러시아를 방문한 뒤 그러한 그의 생각은 더욱 확고해졌다.

이처럼 사회주의에 경도되어 있었던 것은 사실이지만, 러셀을 확고한 사회주의자로 보기는 어렵다. 이론적인 측면에서 사회주의를 열렬히 추종한 것은 아니었으며, 영국의 경제 정책과 관련한 사회주의자로서의 대안이나 정책을 제시하지도 않았다. 대공황 시기의 실업 문제에 대해서도 침묵했다. 대신 그는 평화주의자의 관점에서 사회주의를 옹호했다고 볼 수 있다. 즉 세계 평화와 관련된 관점에서 자본주의는 결코 자유와 평화를 지킬 수 없으며, 전쟁의 재앙으로부터 인류를 구할 수 있는 유일한 정치체제는 사회주의라고 본 것이다.[34]

러셀은 자본주의가 봉건주의와 싸우는 동안은 자유와 민주주의 그리고 평화의 자유주의적 이념을 표방했지만, 봉건주의가 사라진 오늘날은 사회주의나 민족주의와 겨루면서 미국 정부가 공산주의의 견해를 억압하고, 영국 정부가 아일랜드와 인도의 민족주의 운동을 억압하듯 자유가 아니라 억압의 기제로 작용하고 있다고 비난했다. 뿐만 아니라 자본주의는 평화와 결합되어 있다는 아이디어는 전쟁에 의해 철저히 파괴되었고, 사려 깊은 사람이라면 자본주의 체제의 지속은 문명의 지속과 양립 불가능함을 깨달아야 한다고 주장했다.[35]

이러한 입장에서 러셀이 현실적으로 가장 적절한 사회

주의의 버전으로 생각한 것은 이른바 '길드 사회주의(Guild Socialism)'라고 불리는 체제였다. 이는 프랑스 생디칼리즘(Syndicalism)의 영국식 버전이었는데, 국가 사회주의에 반대하면서 노동자들이 총파업을 통해 국가를 전복하고 해방되어야 한다는 생디칼리즘의 급진적인 아이디어를 완화한 입장이었다.

'길드 사회주의'는 국가 권력을 축소하고 노동조합이 자율성을 확보해 노동자들이 직접 공장을 운영해야 하며, 산업은 길드 조직이 되어야 한다는 입장이다. 그렇게 하기 위해서는 국가의 대의 체제인 의회에 대응하는 노조 의회, 즉 길드 의회를 결성해 두 의회가 국가를 통치해야 한다고 보았다. 러셀은 이러한 체제가 국가가 지배하는 사회주의와 혼돈에 빠질 우려가 큰 무정부주의의 폐해로부터 벗어나 산업 문명을 유지할 수 있는 유일한 정치 체제라고 보았다.

제2차 세계대전을 겪으면서 나치의 홀로코스트와 일본에 대한 미국의 원자폭탄 공격에 분노한 러셀은 시간이 흐르면서 여러 국가들이 핵무장을 하는 상황에 심각한 우려를 표시했고, 냉전 시기에 일어난 쿠바의 미사일 위기, 미국의 베트남전 참전 등을 통해 제3차 세계대전이 일어날 수도 있다는 위기의식을 갖게 되었으며, 노년에 접어들어 그 어느 때보다 적극적으로 반전 운동 및 반핵 운동가로서의 면모를 과시했다.

그러한 평화주의자로서의 면모는 오래 전부터 러셀이 유지해왔던 정치 체제에 대한 생각과 잘 맞아떨어지는 것이었다. 그는 사상 유례가 없는 대규모 전쟁으로 점철된 20세기의 상황을 인류를 파멸로 이끄는 광기와 무질서로 보았고, 문명 상태를 계속 유지하기 위해서는 무엇인가 직접적인 행동을 취해야 한다고 생각했다. 그는 미국과 소련의 내셔널리즘의 위협이 가장 큰 문제라고 여겨 권력을 분산할 수 있는 방안으로 세계정부가 필요하다는 생각을 다음과 같이 제시했다.

임시적이고 정략적이며 섬세한 외교로 불안정하게나마 한동안은 전쟁을 피할 수 있다. 그런데 우리의 현재 정치 체제가 계속된다면, 때때로 큰 전쟁이 일어나는 것은 거의 확실하다. 각각의 군대를 지니고 분쟁에 있어서 각자의 권리에 대해 마음대로 판단하는 서로 다른 주권 국가들이 있는 한 이는 불가피할 것이다. 세계가 전쟁으로부터 안전할 수 있는 방법은 단 하나 뿐이며, 그것은 모든 위험한 무기들을 독점적으로 소유하는 단일한 전 세계적인 정부를 만드는 것이다.[36]

러셀은 대량살상무기와 군대를 독점하는 체제로 식량과 원자재의 생산 및 분배를 통제해 세계정부가 평화로운 세계를 만들 수 있다고 생각했다. 국가 간에 분쟁이 일어나면 세계정부의 결정에 복종해야 하며, 어떤 국가가 다른 국가를 상대로 무력을 사용하는 것은 공공의 적으로 간주되어 세계정부의 군대에 의한 처벌이 가해져야 한다고 주장했다.

이러한 세계정부는 국가들 간의 합의에 의해 만들어질 수도 있지만, 러셀은 합의만으로 세계정부가 구성될 가능성에 대해서는 회의적이었고, 한 국가든 일군의 국가든 힘으로 다른 국가들을 제압해 무장해제를 진행한 뒤 통합된 기구를 만들어 세계정부를 구성하는 방안이 더 현실적일 것이라고 생각했다.

1950년대를 통해 이처럼 러셀은 '세계정부'라는 아이디어를 제시했을 뿐 아니라, 아이젠하워(Dwight Eisenhower)와 후르시초프(Nikita Sergeyevich Khrushchev) 등 미국과 소련의 지도자들에게 보내는 공개서한을 언론에 기고하기도 했으며, 영향력 있는 과학자들과 연대해 핵무기 종식을 위한 선언을 주도했다. 그리고 마침내 영국이 핵실험을 통해 미국과 소련에 이어 세 번째 핵무기 보유국이 되자 러셀은 이에 반대하는 운동에 적극 참여했다.

1958년에는 핵무장해제운동(Campaign for Nuclear Disarmament)의 초대 회장이 되었고, 이어 100인 위원회(The Committee of 100)의 회장이 되어 연좌농성 등 반핵과 관련된 비폭력 시민불복종 운동을 주도했고, 아흔이 가까운 나이에 시위 중 체포되어 투옥되기도 했다. 당시의 투옥은 1918년 반전 기고문이 문제가 되어 6개월 징역형을 받은 이래 42년 만에 겪는 두 번째 투옥이었다. 비록 일주일 만에 풀려났지만 러셀의 긴 생애를 통해 일관적으로 유지한 평화주의자로서의 면모를 극적으로 보여주는 사건이라 할 수 있다.

러셀은 『자서전』의 프롤로그 '나는 무엇을 위해 살아왔나'에서 세 가지 열정이 자신의 삶을 지배해왔다고 쓰고 있다. 그것은 바로 사랑에 대한 갈망, 지식에 대한 탐구, 그리고 인류의 고통에 대한 참을 수 없는 연민이다. 그의 첫 번째 열정은 네 번의 결혼과 간헐적으로 이어졌던 혼외정사로 충분히 설명이 가능하고, 두 번째 열정은 논리학과 철학에서의 기념비적인 업적으로 설명할 수 있다. 마지막 열정인 '인류의 고통에 대한 연민'은 바로 어른이 된 이후 죽을 때까지 변치 않았던 실천적 지성인의 모습에서 확인할 수 있다.

지금까지 살펴본 것처럼 윤리학이나 종교철학의 분야에서와 마찬가지로 정치철학이나 이론에서 러셀의 주목할 만한 업적은 없다. 그러한 윤리나 종교, 정치 등의 주제는 이론 철학이 아니라 실천적 영역에서 다루어져야 한다는 그의 신념 때문이다.

아이러니한 것은 그가 1950년 노벨 문학상 수상자로 선정되었을 때 대표작으로 언급된 작품은 부도덕한 호색한의 딱지가 붙어 뉴욕시립대학 교수 임용에 걸림돌이 되었던 『결혼과 도덕(Marriage and Morals)』이었으며, 1950년대 이후 그의 재정적 문제를 해결해준 책은 대중적으로 널리 읽히지만 오늘날까지도 여전히 학계에서 그리 높이 평가되지 않는 『서양철학사』

였다. 마찬가지로 평화주의자 러셀의 활동은 철학자 러셀과 자연스럽게 오버랩 되지는 않지만, 그럼에도 불구하고 많은 사람들이 그의 이름을 기억하게 만든 가장 중요한 요소였음에 틀림없다.

주

1) Bertrand Russell, *The Principia Mathematica,* Cambridge: Cambridge University Press, 1910~13.

2) Bertrand Russell, *The Basic Writings of Bertrand Russell,* London: Routledge. 1961/1992.

3) Bertrand Russell, Introduction to Mathematical Philosophy, London: George Allen & Unwin, 1919, p.194.; 버트런드 러셀, 임정대 옮김, 『수리철학의 기초』, 경문사, 2002.

4) Ray Monk, *Bertrand Russell: The Spirit of Solitude,* 1872-1921, New York: The Free Press, 1996, p.153.

5) Bertrand Russell, *Autobiography,* London: George Allen & Unwin, 1967, p.155.; 버트런드 러셀, 송은경 옮김, 『러셀 자서전』, 사회평론, 2003.

6) Bertrand Russell, *My Philosophical Development,* London: George Allen & Unwin, 1959, p.86.; 버트런드 러셀, 곽강제 옮김, 『나는 이렇게 철학을 하였다』, 서광사, 2008. Bertrand Russell, Autobiography, London: George Allen & Unwin, 1967, p.155.

7) Bertrand Russell, *The Problems of Philosophy*, Oxford: Oxford Universtiy Press, 1912; 버트런드 러셀, 박영태 옮김, 『철학의 문제들』, 이학사, 2000.

8) David Pears, *Bertrand Russell and the British Tradition in Philosophy*, New York: Random House, 1967, p.33. 러셀은 1910년대에는 감각재료를 물리적인 것으로 보았으나, 1920년대에 들어서는 다른 입장으로 선회한다. 그러나 보통 그가 가장 왕성하게 철학적으로 활동하면서 이른바 '논리적 원자론'의 관점을 유지한 시기인 1910년대 말까지는 일관되게 감각재료를 물리적인 것으로 보았다는 점에 주목할 필요가 있다.

9) Russell, *The Problems of Philosophy*, p.12.

10) Russell, *The Problems of Philosophy*, p.12.

11) Russell, *The Problems of Philosophy*, pp.22~23.

12) Ludwig Wittgenstein, *Tractatus Logico-Philosophicus*, London: Routledge & Kegan Paul, 1922; 루트비히 비트겐슈타인, 이영철 옮김, 『논리-철학 논고』, 책세상, 2006.

13) Bertrand Russell, "The Elements of Ethics," in *Philosophical Essays*, London: Longman, Green & Co., 1910.

14) G. E. Moore, *Principia Ethica*, Cambridge: Cambridge University Press, 1903.

15) Bertrand Russell, "On Scientific Method in Philosophy," in *Mysticism and Logic and Other Essays*, London: George Allen & Unwin, 1914/1917.

16) Bertrand Russell, *The Principles of Social Reconstruction*, London: George Allen & Unwin, 1916; 버트런드 러셀, 이순희 옮김, 『왜 사람들은 싸우는가?: 행복한 사회 재건의 원칙』, 비아북, 2010.

17) Russell, *The Principles of Social Reconstruction*, p.12.

18) Russell, "On Scientific Method in Philosophy," p.82.

19) Russell, *An Outline of Philosophy*, London: George Allen & Unwin, 1926.

20) Bertrand Russell, *Religion and Science*, Oxford: Oxford University Press, 1935/1961; 버트런드 러셀, 김성호 옮김, 『종교와 과학』, 신천지, 1991.

21) Russell, *Religion and Science*, p.232.

22) Russell, *Religion and Science*, p.243.

23) Bertrand Russell, *Human Society in Ethics and Politics*, London: George Allen & Unwin, 1954. Reprinted in *Russell on Ethics*, edited by Charles Pigden, London: Routledge, 1999.

24) Russell, *Human Society in Ethics and Politics*, p.155.

25) Russell, *Human Society in Ethics and Politics*, p.156.

26) Bertrand Russell, "A Free Man's Worship," in *Mysticism and Logic and Other Essays*, London: George Allen & Uniwin, 1903/1917.

27) Bertrand Russell, *Why I Am Not a Christian and Other Essays on Religion and Related Subjects*, London: George Allen & Unwin, 1957.

28) Katherine Tait, *My Father Bertrand Russell*, Bristol: Thoemmes Press, 1975/1996, p.184.

29) Bertrand Russell, "My Mental Development," in *The Philosophy of Bertrand Russell*, edited by Paul Arthur Schilpp, Evanston, Il, 1944.

Reprinted in *Russell on Religion*, edited by Louis Greenspan and Stefan Andersson, London: Routledge, 1999, p.25.

30) Bertrand Russell, "Why I Am Not a Christian," reprinted in *Russell*, 1927/1957.

31) Russell, *Autobiography*, p.461.

32) A.C. Grayling, *Russell*, Oxford: Oxford University Press, 1996, p.81.

33) Bertrand Russell, "The Essence of Religion," in *Russell on Religion*, edited by Louis Greenspan and Stefan Andersson, London: Routledge, 1912/1999, p.60.

34) Alan Ryan, *Bertrand Russell, A Political Life*, Oxford: Oxford University Press, 1993, p.81.

35) Ray Monk, *Bertrand Russell: The Spirit of Solitude*, New York: The Free Press, 1996, p.576.

36) Bertrand Russell, *New Hopes for a Changing World*, London: George Allen & Unwin, 1951. Reprinted in *The Basic Writings of Bertrand Russell*, edited by Robert E. Egner and Lester E. Denonn, London: Routledge, 1961, p.701.

참고문헌

박병철, 『버트런드 러셀의 삶과 철학』, 서광사, 2006.

A.J. Ayer, *Russell*, London: Fontana‐Collins, 1972; A.J. 에어, 신일철 옮김, 『러셀』, 이화여자대학교출판부, 1982.

A.C. Grayling, *Russell*, Oxford: Oxford University Press, 1996; A.C. 그레일링, 우정규 옮김, 『러셀』, 시공사, 2000.

Ray Monk, *Bertrand Russell: The Spirit of Solitude, London*: J. Cape, 1996.

Ray Monk, *Bertrand Russell 1921~1970: The Ghost of Madness, London*: J. Cape, 2000.

Ray Monk, *Russell*, New York: Routeldge.

G.E. Moore, *Principia Ethica*, Cambridge: Cambridge University Press, 1903.

David Pears, *Bertrand Russell and the British Tradition in Philosophy*, New York: Random House, 1967.

Bertrand Russell, "A Free Man's Worship," in *Mysticism and Logic and Other Essays*, London: George Allen & Uniwin. 1903/1917.

Bertrand Russell, "The Elements of Ethics," in *Philosophical Essays*, London: Longman, Green & Co., 1910.

Bertrand Russell, *The Principia Mathematica*, Cambridge: Cambridge University Press, 1910~13.

Bertrand Russell, *The Problems of Philosophy*, Oxford: Oxford Universtiy Press, 1912; 버트런드 러셀, 박영태 옮김, 『철학의 문제들』, 이학사.

Bertrand Russell, "The Essence of Religion," in *Russell on Religion*, Edited by Louis Greenspan and Stefan Andersson, London: Routledge. 1912/1999.

Bertrand Russell, "On Scientific Method in Philosophy," in *Mysticism and Logic and Other Essays*, London: George Allen & Unwin, 1914/1917.

Bertrand Russell, *The Principles of Social Reconstruction*, London: George Allen & Unwin, 1916; 버트런드 러셀, 이순희 옮김, 『왜 사람들은 싸우는가?: 행복한 사회 재건의 원칙』, 비아북, 2010.

Bertrand Russell, "The Philosophy of Logical Atomism," *in The Philosophy of Logical Atomism*, La Salle, Ill.: Open Court, 1918/1985.

Bertrand Russell, *Introduction to Mathematical Philosophy*, London: George Allen & Unwin, 1919.

Bertrand Russell, *An Outline of Philosophy*, London: George Allen & Unwin, 1926

Bertrand Russell, "Why I Am Not a Christian." Reprinted in Russell, *Why I Am Not a Christian and Other Essays on Religionand Related Subjects*, London: George Allen & Unwin, 1957; 버트런드 러셀, 송은경 옮김, 『나는 왜 기독교인이 아닌가』, 사회평론, 2005.

Bertrand Russell, *Religion and Science*, Oxford: Oxford University Press. 1935/1961; 버트런드 러셀, 김성호 옮김, 『종교와 과학』, 신천지, 1991.

Bertrand Russell, "My Mental Development," in *The Philosophy of Bertrand Russell*, edited by Paul Arthur Schilpp. Evanston, Il: Northwestern University Press, 1944. Reprinted in Russell on Religion, edited by LouisGreenspan and Stefan Andersson, London: Routledge, 1999.

Bertrand Russell, *Human Society in Ethics and Politics*, London: GeorgeAllen & Unwin, 1954. Reprinted in Russell on Ethics, edited by Charles Pigden, London: Routledge, 1999.

Bertrand Russell, *Why I Am Not a Christian and Other Essays on Religion and Related Subjects*, London: George Allen & Unwin, 1957.

Bertrand Russell, *My Philosophical Development*, London: George Allen & Unwin, 1959; 버트런드 러셀, 곽강제 옮김, 『나는 이렇게 철학을 하였다』, 서광사, 2008.

Bertrand Russell, *The Basic Writings of Bertrand Russell*, London:Routledge, 1961.

Bertrand Russell, *Autobiography*, London: George Allen & Unwin, 1967; 버트런드 러셀, 송은경 옮김, 『러셀 자서전』, 사회평론, 2005.

Alan Ryan, *Bertrand Russell: A Political Life*, Oxford: Oxford UniversityPress, 1993.

John Slater, *Bertrand Russell*, Bristol: Thoemmes, 1994.

Katherine Tait, *My Father Bertrand Russell*, Bristol: Thoemmes Press. 1975/1996,

Ludwig Wittgenstein, *Tractatus Logico-Philosophicus*, London: Routledge & Kegan Paul, 1922; 루트비히 비트겐슈타인, 이영철 옮김, 『논리-철학 논고』, 책세상, 2006.

버트런드 러셀 확실한 지식을 찾아서

펴낸날	초판 1쇄 2013년 12월 30일

지은이	**박병철**
펴낸이	**심만수**
펴낸곳	**㈜살림출판사**
출판등록	1989년 11월 1일 제9-210호

주소	경기도 파주시 문발동 522-1
전화	031-955-1350 팩스 031-624-1356
기획·편집	031-955-4662
홈페이지	http://www.sallimbooks.com
이메일	book@sallimbooks.com

ISBN	978-89-522-2807-9 04080

※ 값은 뒤표지에 있습니다.
※ 잘못 만들어진 책은 구입하신 서점에서 바꾸어 드립니다.

이 도서의 국립중앙도서관 출판시도서목록(CIP)은 서지정보유통지원시스템 홈페이지
(http://seoji.nl.go.kr)와 국가자료공동목록시스템(http://www.nl.go.kr/kolisnet)에서
이용하실 수 있습니다.(CIP제어번호: CIP2013028134)

책임편집	**최진**

026 미셸 푸코

eBook

양운덕(고려대 철학연구소 연구교수)

더 이상 우리에게 낯설지 않지만, 그렇다고 손쉽게 다가가기엔 부담스러운 푸코라는 철학자를 '권력'이라는 열쇠를 가지고 우리에게 열어 보여 주는 책. 권력은 어떻게 작용하는가에서 논의를 시작하여 관계망 속에서의 권력과 창조적·생산적·긍정적인 힘으로서의 권력을 이야기해 준다.

027 포스트모더니즘에 대한 성찰

eBook

신승환(가톨릭대 철학과 교수)

포스트모더니즘의 역사와 논의를 차분히 성찰하고, 더 나아가 서구의 근대를 수용하고 변용시킨 우리의 탈근대가 어떠한 맥락에서 이해되는지를 밝힌 책. 저자는 오늘날 포스트모더니즘으로 대변되는 탈근대적 문화와 철학운동은 보편주의와 중심주의, 전체주의와 이성 중심주의에 대한 거부이며, 지금은 이 유행성의 뿌리를 성찰해 볼 때라고 주장한다.

202 프로이트와 종교

eBook

권수영(연세대 기독상담센터 소장)

프로이트는 20세기를 대표할 만한 사상가이지만, 여전히 적지 않은 논란과 의심의 눈초리를 받고 있다. 게다가 신에 대한 믿음을 빼앗아버렸다며 종교인들은 프로이트를 용서하지 않을 기세이다. 기독교 신학자인 저자는 이 책을 통해 종교인들에게 프로이트가 여전히 유효하며, 그를 통하여 신앙이 더 건강해질 수 있다는 점을 보여 주려 한다.

427 시대의 지성 노암 촘스키

eBook

임기대(배재대 연구교수)

저자는 노암 촘스키를 평가함에 있어 언어학자와 진보 지식인 중 어느 한 쪽의 면모만을 따로 떼어 이야기하는 것은 불합리하다고 말한다. 이 책에서는 촘스키의 가장 핵심적인 언어이론과 그의 정치비평 중 주목할 만한 대목들이 함께 논의된다. 저자는 촘스키 이론과 사상의 본질에 다가가기 위한 이러한 시도가 나아가 서구 사상을 받아들이는 우리의 자세와도 연결된다고 믿고 있다.

024 이 땅에서 우리말로 철학하기

이기상(한국외대 철학과 교수)

우리말을 가지고 우리의 사유를 펼치고 있는 이기상 교수의 새로운 사유 제안서. 일상과 학문, 실천과 이론이 분리되어 있는 '궁핍의 시대'에 사는 우리에게 생활세계를 서양학문의 식민지화로부터 해방시키고, 서양이론의 중독으로부터 벗어나야 한다고 역설한다. 저자는 인간 중심에서 생명 중심으로의 변화와 관계론적인 세계관을 담고 있는 '사이 존재'를 제안한다.

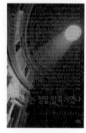

025 중세는 정말 암흑기였나　eBook

이경재(백석대 기독교철학과 교수)

중세에 대한 친절한 입문서. 신과 인간에 대한 중세인의 의식을 다루고 있는 이 책은 어떻게 중세가 암흑시대라는 일반적인 인식을 가지게 되었는지에 대한 물음을 추적한다. 중세는 비합리적인 세계인가, 중세인의 신앙과 이성은 어떠한 관계를 갖고 있는가 등에 대한 논의를 하고 있다.

065 중국적 사유의 원형　eBook

박정근(한국외대 철학과 교수)

중국 사상의 두 뿌리인 『주역』과 『중용』을 철학적 관점에서 접근한다. '산다는 것은 무엇인가?'라는 근원적 질문으로부터 자생한 큰 흐름이 유가와 도가인데, 이 두 사유의 흐름을 거슬러 올라가다 보면 그 둘이 하나로 합쳐지는 원류를 만나게 된다. 저자는 『주역』과 『중용』에 담겨 있는 지혜야말로 중국인의 사유세계를 지배하는 원류라고 말한다.

076 피에르 부르디외와 한국사회　eBook

홍성민(동아대 정치외교학과 교수)

부르디외의 삶과 저작들을 통해 그의 사상을 쉽게 소개해 주고 이를 통해 한국사회의 변화를 호소하는 책. 저자는 부르디외가 인간의 행동이 엄격한 합리성과 계산을 근거로 행해지기보다는 일정한 기억과 습관, 그리고 사회적 전통에 영향을 받는다는 사실로부터 시작한다는 점을 강조한다.

096 철학으로 보는 문화 `eBook`

신응철(숭실대 인문과학연구소 연구교수)

문화와 문화철학 연구에 관심 있는 사람을 위한 길라잡이로 구상된 책. 비교적 최근에 분과학문으로 등장하기 시작한 문화철학의 논의에 반드시 들어가야 할 요소를 선택하여 제시하고, 그 핵심 내용을 제공한다. 칸트, 카시러, 반 퍼슨, 에드워드 홀, 에드워드 사이드, 새무얼 헌팅턴, 수전 손택 등의 철학자들의 문화론이 소개된다.

097 장 폴 사르트르 `eBook`

변광배(프랑스인문학연구모임 '시지프' 대표)

'타자'는 현대 사상에 있어 가장 중요한 개념 중 하나이다. 근대가 '자아'에 주목했다면 현대, 즉 탈근대는 '자아'의 소멸 혹은 자아의 허구성을 발견함으로써 오히려 '타자'에 관심을 갖게 되었다. 그리고 타자이론의 중심에는 사르트르가 있다. 사르트르의 시선과 타자론을 중점적으로 소개한 책.

135 주역과 운명 `eBook`

심의용(숭실대 강사)

주역에 대한 해설을 통해 사람들의 우환과 근심, 삶과 운명에 대한 우리의 자세를 말해 주는 책. 저자는 난해한 철학적 분석이나 독해의 문제로 우리를 데리고 가는 것이 아니라 공자, 백이, 안연, 자로, 한신 등 중국의 여러 사상가들의 사례를 통해 우리네 삶을 반추하는 방식을 취한다.

450 희망이 된 인문학 `eBook`

김호연(한양대 기초·융합교육원 교수)

삶 속에서 배우는 앎이야말로 인간의 운명을 바꿀 수 있는 기회를 준다. 그래서 삶이 곧 앎이고, 앎이 곧 삶이 되는 공부를 하는 것이 무엇보다 중요하다. 저자는 인문학이야말로 앎과 삶이 결합된 공부를 도울 수 있고, 모든 이들이 이 공부를 할 수 있어야 한다고 믿는다. 특히 '관계와 소통'에 초점을 맞춘 인문학의 실용적 가치, '인문학교'를 통한 실제 실천사례가 눈길을 끈다.

eBook 표시가 되어있는 도서는 전자책으로 구매가 가능합니다.

024 이 땅에서 우리말로 철학하기 | 이기상

025 중세는 정말 암흑기였나 | 이경재 eBook

026 미셸 푸코 | 양운덕 eBook

027 포스트모더니즘에 대한 성찰 | 신승환 eBook

049 그리스 사유의 기원 | 김재홍 eBook

050 영혼론 입문 | 이정우

059 중국사상의 뿌리 | 장현근 eBook

065 중국적 사유의 원형 | 박정근 eBook

072 지식의 성장 | 이한구 eBook

073 사랑의 철학 | 이정은 eBook

074 유교문화와 여성 | 김미영 eBook

075 매체 정보란 무엇인가 | 구연상 eBook

076 피에르 부르디외와 한국사회 | 홍성민 eBook

096 철학으로 보는 문화 | 신응철 eBook

097 장 폴 사르트르 | 변광배 eBook

123 중세와 토마스 아퀴나스 | 박경숙 eBook

135 주역과 운명 | 심의용 eBook

158 칸트 | 최인숙 eBook

159 사람은 왜 인정받고 싶어하나 | 이정은 eBook

177 칼 마르크스 | 박영균

178 허버트 마르쿠제 | 손철성 eBook

179 안토니오 그람시 | 김현우

180 안토니오 네그리 | 윤수종 eBook

181 박이문의 문학과 철학 이야기 | 박이문 eBook

182 상상력과 가스통 바슐라르 | 홍명희 eBook

202 프로이트와 종교 | 권수영 eBook

289 구조주의와 그 이후 | 김종우 eBook

290 아도르노 | 이종하 eBook

324 실용주의 | 이유선

339 해체론 | 조규형

340 자크 라캉 | 김용수

370 플라톤의 교육 | 장영란 eBook

427 시대의 지성 노암 촘스키 | 임기대 eBook

441 소크라테스를 알라 | 장영란 eBook

450 희망이 된 인문학 | 김호연 eBook

453 논어 | 윤홍식 eBook

454 장자 | 이기동 eBook

455 맹자 | 장현근 eBook

456 관자 | 신창호 eBook

457 순자 | 윤무학 eBook

459 사주(四柱) 이야기 | 이지형 eBook

467 노자 | 임헌규 eBook

468 한비자 | 윤찬원 eBook

469 묵자 | 박문현 eBook

㈜살림출판사
www.sallimbooks.com
주소 경기도 파주시 문발동 522-1 | 전화 031-955-1350 | 팩스 031-955-1355